Barmherzigkeit ist unsere Stärke
Impulse für ein erfülltes Leben

PAPST FRANZISKUS

Barmherzigkeit ist unsere Stärke

Impulse für ein erfülltes Leben

benno

Bibliografische Information der
Deutschen Nationalbibliothek
Die Deutsche Nationalbibliothek verzeichnet diese Publi-
kation in der Deutschen Nationalbibliografie; detaillierte
bibliografische Daten sind im Internet über
http://dnb.d-nb.de abrufbar.

Besuchen Sie uns im Internet unter:
www.st-benno.de

Gern informieren wir Sie unverbindlich und aktuell auch
in unserem Newsletter zum Verlagsprogramm, zu Neu-
erscheinungen und Aktionen. Einfach anmelden unter:
www.st-benno.de.

ISBN 978-3-7462-4644-4

© St. Benno Verlag GmbH, Leipzig
Zusammenstellung: Volker Bauch, Leipzig
Covergestaltung: BIRQ DESIGN, Leipzig
Covermotiv: © Stefano Spaziani
Gesamtherstellung: Kontext, Lemsel (A)

Inhaltverzeichnis

Für eine Kirche der Barmherzigkeit

Barmherzigkeit leben

Erfüllung finden

Für Gottes Barmherzigkeit ist nichts unmöglich!

Auch die verworrensten Knoten lösen sich mit seiner Gnade. Und Maria hat mit ihrem „Ja" Gott die Tür geöffnet, damit er die Knoten des im Alten Bund begangenen Ungehorsams löse. Sie ist die Mutter, die uns mit Geduld und Zärtlichkeit zu Gott führt, damit er die Knoten unserer Seele mit seiner väterlichen Barmherzigkeit löse. Jeder von uns hat einige, und wir können uns in unserem Herzen fragen: Welche Knoten gibt es in meinem Leben? „Vater, die Meinen kann man nicht lösen!" Aber das ist ein Irrtum! Alle Knoten des Herzens, alle Knoten des Gewissens können gelöst werden. Bitte ich Maria, dass sie mir helfe, Vertrauen in die Barmherzigkeit Gottes zu haben, um sie zu lösen, um mich zu ändern? Sie, die Frau des Glaubens, wird uns sicher sagen: „Geh weiter, geh zum Herrn, er versteht dich." Und sie führt uns an der Hand, die Mutter, in den Arm des Vaters, des Vaters der Barmherzigkeit.

Ansprache vom 12. Oktober 2013

Aus Gottes Liebe leben

Geduldig und barmherzig

„Barmherzigkeit walten zu lassen, ist ein Wesensmerkmal Gottes. Gerade darin zeigt sich seine Allmacht. Diese Worte des heiligen Thomas von Aquin zeigen, wie sehr die göttliche Barmherzigkeit eben nicht ein Zeichen von Schwäche ist, sondern eine Eigenschaft der Allmacht Gottes. Gerade deswegen betet die Liturgie in einem ihrer ältesten Tagesgebete: „Großer Gott, du offenbarst deine Macht vor allem im Erbarmen und im Verschonen." Gott wird in der Geschichte

der Menschheit immer gegenwärtig sein als der
Nahe, der Vorsorgende, der Heilige und Barmherzige.

Mit dem Wortpaar „geduldig und barmherzig"
wird im Alten Testament häufig die Natur Gottes beschrieben. Seine Barmherzigkeit zeigt sich
konkret in vielen Momenten der Heilsgeschich-
te, wo seine Güte letztlich über Strafe und Zerstörung siegt. Besonders die Psalmen bringen
diese Größe im Handeln Gottes zum Ausdruck.
Er ist es, „der dir all deine Schuld vergibt und
all deine Gebrechen heilt, der dein Leben vor
dem Untergang rettet und dich mit Huld und
Erbarmen krönt" *(Ps 103,3-4)*. Noch ausdrückli-
cher zählt ein anderer Psalm konkrete Zeichen
der Barmherzigkeit auf: „Recht verschafft er den
Unterdrückten, den Hungernden gibt er Brot; der
Herr befreit die Gefangenen. Der Herr öffnet den
Blinden die Augen, er richtet die Gebeugten auf.
Der Herr beschützt die Fremden und verhilft den
Waisen und Witwen zu ihrem Recht. Der Herr
liebt die Gerechten, doch die Schritte der Frevler
leitet er in die Irre" *(Ps 146,7-9)*. Und zum Ab-
schluss noch ein weiteres Wort des Psalmisten:
„Er heilt die gebrochenen Herzen und verbindet
ihre schmerzenden Wunden. [...] Der Herr hilft
den Gebeugten auf und erniedrigt die Frevler"
(Ps 147,3.6). Zusammenfassend können wir sa-

gen, Gottes Barmherzigkeit ist nicht eine abstrakte Idee, sondern eine konkrete Wirklichkeit, durch die Er seine Liebe als die Liebe eines Vaters und einer Mutter offenbart, denen ihr Kind zutiefst am Herzen liegt. Es handelt sich wirklich um eine leidenschaftliche Liebe. Sie kommt aus dem Innersten und ist tiefgehend, natürlich, bewegt von Zärtlichkeit und Mitleid, von Nachsicht und Vergebung.

Verkündigungsbulle „Misericordiae Vultus"
des außerordentlichen Jubiläums der Barmherzigkeit
vom 11. April 2015

Die Gnade Christi

Der Prophet Ezechiel hat es gesagt: „Ich nehme das Herz von Stein aus eurer Brust und gebe euch ein Herz von Fleisch." Und das ist die Erfahrung, die der Apostel Paulus macht: Nachdem er Jesus auf der Straße nach Damaskus begegnet ist, ändert er seine Lebensperspektive radikal und empfängt die Taufe. Gott verwandelt sein Herz! Denkt nur: Ein Verfolger, einer, der die Kirche und die Christen verfolgt hat, wird zu einem Heiligen, zu einem Christen bis tief ins Innerste hinein, wirklich ein wahrer Christ! Erst ist er ein gewalttätiger Verfolger, jetzt wird er zum Apostel, zum mutigen Zeugen Jesu Christi, so dass er nicht einmal Angst hat, das Martyrium zu erleiden. Jener Saulus, der die töten wollte, die das Evangelium verkündigten, gibt am Ende sein Leben hin, um das Evangelium zu verkündigen. Das ist die Umwandlung, die große Umwandlung, von der Papst Benedikt gesprochen hat. Das verändert dir das Herz, aus einem Sünder – aus einem Sünder: wir alle sind Sünder – macht er dich zum Heiligen. Ist irgendjemand von uns kein Sünder? Wenn jemand da ist, möge er die Hand heben! Wir sind alle Sünder, alle! Wir alle sind Sünder! Aber die Gnade Jesu Christi rettet uns von der Sünde: Er rettet uns! Alle – wenn wir die Gnade Jesu Christi annehmen, verwandelt er unser Herz und macht aus uns Sündern Heilige. Um heilig zu werden, ist es nicht notwendig, die Augen zu verdrehen und dorthin zu schauen, oder ein Gesicht wie auf einem Heiligenbildchen zu haben! Nein, nein, das ist nicht notwendig! Nur eins ist notwendig, um heilig zu werden: die Gnade anzunehmen, die der Vater uns in Jesus Christus schenkt. Eben diese Gnade verwandelt unser Herz. Wir sind auch weiterhin Sünder, weil wir alle schwach sind, aber auch mit dieser Gnade, die uns spüren lässt, dass der Herr gut ist, dass der Herr barmherzig ist, dass der Herr auf uns wartet, dass der Herr uns vergibt, diese große Gnade, die unser Herz verwandelt. Und, so sagte der Prophet Ezechiel, die ein Herz von Stein in ein Herz von Fleisch verwandelt. Was bedeutet das? Ein Herz, das liebt, ein Herz, das leidet, ein Herz, das sich mit den anderen freut, ein Herz voll Liebe für alle, die die Wunden des Lebens eingeprägt tragen und sich am Rand der Gesellschaft fühlen. Die Liebe ist die größte Verwandlungskraft der Wirklichkeit, denn sie reißt die Mauern des Egoismus nieder und füllt die Gräben auf, die uns voneinander trennen.

Und das ist die Liebe, die aus einem verwandelten Herzen kommt, aus einem Herzen von Stein, das in ein Herz von Fleisch verwandelt wurde, ein menschliches Herz. Und das macht die Gnade, die Gnade Jesu Christi, die wir alle empfangen haben. Weiß jemand von euch, wie viel die Gnade kostet? Wo die Gnade verkauft wird? Wo ich die Gnade kaufen kann? Niemand kann das sagen: nein. Gehe ich sie kaufen bei der Pfarrsekretärin, verkauft sie vielleicht die Gnade? Verkauft irgendein Priester die Gnade? Hört gut zu: Die Gnade kann man nicht kaufen und verkaufen; sie ist ein Geschenk Gottes in Jesus Christus. Jesus Christus schenkt uns die Gnade. Er ist der einzige, der uns die Gnade schenkt. Sie ist ein Geschenk: Er bietet es uns an, uns. Nehmen wir es an. Das ist schön. So ist die Liebe Jesu: Er schenkt uns die Gnade ohne Gegenleistung, umsonst. Und wir müssen sie den Brüdern, den Schwestern schenken, umsonst. Es ist ein wenig traurig, wenn man jemandem begegnet, der die Gnade verkauft: In der Kirchengeschichte ist das manchmal geschehen, und es hat sehr schlechte Auswirkungen gehabt, sehr schlechte. Aber die Gnade kann man nicht verkaufen: Du empfängst sie umsonst und du gibst sie umsonst. Und das ist die Gnade Jesu Christi.

Ansprache vom 17. Juni 2013

Das Geheimnis der Barmherzigkeit

Jesus Christus ist das Antlitz der Barmherzigkeit des Vaters. Das Geheimnis des christlichen Glaubens scheint in diesem Satz auf den Punkt gebracht zu sein. In Jesus von Nazaret ist die Barmherzigkeit des Vaters lebendig und sichtbar geworden und hat ihren Höhepunkt gefunden. Der Vater, der „voll des Erbarmens" ist *(Eph 2,4)*, der sich Mose als „barmherziger und gnädiger Gott, langmütig, reich an Huld und Treue" *(Ex 34,6)* offenbart hatte, hat nie aufgehört, auf verschiedene Weise und zu verschiedenen Zeiten in der Geschichte seine göttliche Natur mitzuteilen. Als aber die „Zeit erfüllt war" *(Gal 4,4)*, sandte Er, seinem Heilsplan entsprechend, seinen Sohn, geboren von der Jungfrau Maria, um uns auf endgültige Weise seine Liebe zu offenbaren. Wer Ihn sieht, sieht den Vater *(vgl. Joh 14,9)*. Jesus von Nazaret ist es, der durch seine Worte und Werke und durch sein ganzes Dasein die Barmherzigkeit Gottes offenbart.

Dieses Geheimnis der Barmherzigkeit gilt es stets neu zu betrachten. Es ist Quelle der Freude, der Gelassenheit und des Friedens. Es ist Bedingung unseres Heils. Barmherzigkeit – in diesem Wort offenbart sich das Geheimnis der Allerheiligsten Dreifaltigkeit. Barmherzigkeit ist der letzte und endgültige Akt, mit dem Gott uns entgegentritt. Barmherzigkeit ist das grundlegende Gesetz, das im Herzen eines jeden Menschen ruht und den Blick bestimmt, wenn er aufrichtig auf den Bruder und die Schwester schaut, die ihm auf dem Weg des Lebens begegnen. Barmherzigkeit ist der Weg, der Gott und Mensch vereinigt, denn sie öffnet das Herz für die Hoffnung, dass wir, trotz unserer Begrenztheit aufgrund unserer Schuld, für immer geliebt sind.

Es gibt Augenblicke, in denen wir aufgerufen sind, in ganz besonderer Weise den Blick auf die Barmherzigkeit zu richten und dabei selbst zum wirkungsvollen Zeichen des Handelns des Vaters zu werden.

Verkündigungsbulle „Misericordiae Vultus"
des außerordentlichen Jubiläums der Barmherzigkeit
vom 11. April 2015

Von der Gewissheit der Liebe Gottes

Der Apostel Paulus beschreibt die Liebe Gottes als den tiefsten, unbesiegbaren Grund des christlichen Vertrauens und der christlichen Hoffnung. Er zählt die widrigen und geheimnisvollen Kräfte auf, die den Glaubensweg bedrohen können. Aber sofort bekräftigt er mit sicherer Gewissheit, dass – auch wenn unser gesamtes Dasein von Bedrohungen umstellt ist – nichts uns jemals trennen kann von der Liebe, die Christus selbst für uns durch seine vollkommene Hingabe verdient hat. Auch die dem Menschen feindlich gesinnten dämonischen Kräfte halten machtlos ein angesichts der tiefen Einheit der Liebe zwischen Jesus und demjenigen, der ihn gläubig annimmt. Diese Realität der treuen Liebe, die Gott zu jedem von uns hat, hilft uns, zuversichtlich und kraftvoll den Weg eines jeden Tages in Angriff zu nehmen, der manchmal rasch vorangeht, zuweilen aber nur langsam und mühevoll.

Allein die Sünde des Menschen kann diese Verbindung unterbrechen; aber auch in diesem Fall wird Gott ihn immer suchen, er wird ihm nachgehen, um wieder eine Einheit mit ihm herzustellen, die auch nach dem Tod andauert, ja vielmehr eine Einheit, die in der endgültigen Begegnung mit dem Vater ihren Höhepunkt erreicht.

Diese Gewissheit gibt dem irdischen Leben einen neuen und vollen Sinn und sie eröffnet uns die Hoffnung auf ein Leben über den Tod hinaus. Denn jedes Mal, wenn wir mit dem Tod eines lieben Menschen konfrontiert werden oder mit dem Tod von jemandem, den wir gut gekannt haben, dann steigt in uns die Frage auf: „Was wird sein mit seinem Leben, seiner Arbeit, seinem Dienst für die Kirche?" Das *Buch der Weisheit* hat uns geantwortet: Sie sind in Gottes Hand! Die Hand ist Zeichen des Aufnehmens und des Beschützens, sie ist Zeichen einer persönlichen, von Achtung und Treue geprägten Beziehung: die Hand geben, die Hand drücken. So ist es: Diese eifrigen Hirten, die ihr Leben dem Dienst an Gott und den Brüdern gewidmet haben, sind in Gottes Hand. Alles von ihnen ist gut behütet und wird nicht vom Tod zerstört werden. All ihre Tage – geprägt von Freud und Leid, von Hoffnung und Mühsal, von Treue zum Evangelium und von der Leidenschaft für das geistliche Heil und das materielle Wohl der ihnen anvertrauten Herde – sind in Gottes Hand. Auch die Sünden, unsere Sünden sind in Gottes Händen; jene Hände sind barmherzig, „verwundet" von der Liebe. Nicht ohne Grund wollte Jesus die Wunden an den Händen beibehalten, um uns seine Barmherzigkeit spüren zu lassen. Und das ist unsere Kraft, unsere Hoffnung. Diese hoffnungsvolle Wirklichkeit ist die Perspektive der definitiven Auferstehung, des ewigen Lebens, zu dem die „Gerechten" bestimmt sind, jene, die das Wort Gottes annehmen und fügsam sind gegenüber seinem Geist.

Predigt vom 4. November 2013

Die Liebe Christi

Das 15. Kapitel des Johannesevangeliums bringt uns in den Abendmahlssaal zurück, wo wir das neue Gebot Jesu hören. Er sagt: „Das ist mein Gebot: Liebt einander, so wie ich euch geliebt habe" (V. 12). Und da er an das nunmehr bevorstehende Kreuzesopfer denkt, fügt er hinzu: „Es gibt keine größere Liebe, als wenn einer sein Leben für seine Freunde hingibt. Ihr seid meine Freunde, wenn ihr tut, was ich euch auftrage" (V. 13-14). Diese während des Letzten Abendmahls gesprochenen Worte fassen die ganze Botschaft Jesu zusammen. Mehr noch, sie fassen alles zusammen, was er getan hat: Jesus hat das Leben für seine Freunde hingegeben. Freunde, die ihn nicht verstanden und die ihn im entscheidenden Moment verlassen, verraten, verleugnet haben. Das sagt uns, dass er uns liebt, obwohl wir uns seine Liebe nicht verdienen: So sehr liebt uns Jesus! Auf diese Weise zeigt uns Jesus den Weg, ihm nachzufolgen, den Weg der Liebe. Sein Gebot ist keine bloße Vorschrift, die immer etwas Abstraktes oder dem Leben Äußerliches bleibt. Das Gebot Christi ist *neu*, weil er es als erster verwirklicht hat, er hat ihm Fleisch gegeben, und so ist das Gebot der Liebe ein für allemal auf das Herz des Menschen geschrieben *(vgl. Jer 31,33)*. Und wie ist es geschrieben? Es ist mit dem Feuer des Heiligen Geistes geschrieben. Und mit eben diesem Geist, den Jesus uns schenkt, können auch wir auf diesem Weg gehen!

Es ist ein konkreter Weg, ein Weg, der uns dazu führt, aus uns selbst herauszugehen, um den anderen entgegenzukommen. Jesus hat uns gezeigt, dass die Liebe zu Gott in der Liebe zum

Nächsten wirklich wird. Beide gehören zusammen. Die Seiten des Evangeliums sind voll von dieser Liebe: Erwachsene und Kinder, gebildete und unwissende Menschen, Reiche und Arme, Gerechte und Sünder haben im Herzen Christi Aufnahme gefunden. Dieses Wort des Herrn ruft uns also auf, einander zu lieben, auch wenn wir uns nicht immer verstehen, wenn wir nicht immer miteinander auskommen... doch gerade dort sieht man die christliche Liebe. Eine Liebe, die sich auch dann offenbart, wenn es Meinungsverschiedenheiten oder Unterschiede im Charakter gibt, doch die Liebe ist größer als diese Differenzen! Das ist die Liebe, die uns Jesus gelehrt hat. Es ist eine neue Liebe, weil sie von Jesus und von seinem Geist erneuert wurde. Es ist eine erlöste, vom Egoismus befreite Liebe. Eine Liebe, die unserem Herzen Freude schenkt, wie Jesus selbst sagt: „Dies habe ich euch gesagt, damit meine Freude in euch ist und damit eure Freude vollkommen wird" (V. 11).

Es ist gerade die Liebe Christi, die der Heilige Geist in unseren Herzen ausgießt, die jeden Tag Wunder in der Kirche und in der Welt wirkt. Viele kleine und große Gesten gehorchen dem Gebot des Herrn: „Liebt einander, so wie ich euch geliebt habe" *(Joh 15,12)*. Kleine Gesten aller Tage, Gesten der Nähe gegenüber einem alten Menschen, einem Kind, einem Kranken, einem Menschen, der allein ist und in Schwierigkeiten steckt, ohne ein Zuhause, ohne Arbeit, gegenüber einem Immigranten, einem Flüchtling... Dank der Kraft dieses Wortes Christi kann ein jeder von uns dem Bruder und der Schwester, denen er begegnet, zum Nächsten werden. Gesten der Nähe, der Verbundenheit. In diesen Gesten zeigt sich die Liebe, die Christus uns gelehrt hat. Darin stehe uns unsere allerseligste Gottesmutter bei, auf dass im alltäglichen Leben eines jeden von uns die Liebe zu Gott und die Liebe zum Nächsten immer vereint seien.

Regina Coeli vom 10. Mai 2015

Gott geht den Weg mit uns

Wer sich nicht dem Gericht Gottes ausliefern will, darf sich nicht zum Richter seines eigenen Bruders machen. Der Mensch bleibt in seinem Urteilen in der Tat an der Oberfläche, der Vater dagegen sieht bis ins Innerste. Wie viel Übel richten Worte an, wenn sie von Neid und Eifersucht bestimmt sind! Schlecht über den abwesenden Bruder, die abwesende Schwester sprechen heißt so viel wie diese in ein schlechtes Licht zu rücken, ihren Ruf zu schädigen und sie dem Gerede auszusetzen. Nicht zu urteilen und nicht zu verurteilen bedeutet daher im Positiven, das Gute in einer jeden Person wahrzunehmen und nicht zuzulassen, dass diese wegen unseres begrenzten Urteils und unserer Anmaßung, vermeintlich alles genau zu wissen, leiden muss. Aber das reicht noch nicht, um Barmherzigkeit zum Ausdruck zu bringen. Jesus bittet uns zu vergeben und uns selbst *hinzugeben*, Werkzeuge der Vergebung zu sein, weil wir zuerst Gottes Vergebung erfahren haben, großzügig zu sein allen gegenüber im Wissen darum, dass auch Gott sein Wohlwollen uns gegenüber großzügig handhabt.

Barmherzig wie der Vater ist also das Leitwort des Heiligen Jahres. In der Barmherzigkeit haben wir den Nachweis, wie Gott liebt. Er gibt sich selbst ganz hin, für immer, als Geschenk, ohne etwas als Gegenleistung zu erbitten. Er kommt uns zu Hilfe, wenn wir ihn darum bitten. Es ist schön, dass das tägliche Gebet der Kirche mit den Worten beginnt: „O Gott, komm mir zu Hilfe. Herr, eile mir zu helfen" *(Ps 70,2)*. Die Hilfe, die wir erbitten, ist bereits der erste Schritt der Barmherzigkeit Gottes mit uns. Er kommt, um uns aus unserer Schwachheit zu retten. Und seine Hilfe besteht darin, dass er uns bewegt, seine Gegenwart und Nähe anzunehmen. Angerührt von seiner Barmherzigkeit können auch wir Tag für Tag barmherzig mit den anderen sein.

Verkündigungsbulle „Misericordiae Vultus"
des außerordentlichen Jubiläums der Barmherzigkeit
vom 11. April 2015

DIE BOTSCHAFT DES EVANGELIUMS

Die Heilung des Aussätzigen

Das Ereignis der Heilung des Aussätzigen *(Mk 1,40-45)* geht in drei kurzen Schritten vor sich: das Bitten des Kranken, die Antwort Jesu, die Folgen der wunderbaren Heilung. Der Aussätzige fleht Jesus auf Knien an und sagt: „Wenn du willst, kannst du machen, dass ich rein werde" (V. 40). Auf diese demütige und vertrauensvolle Bitte reagiert Jesus mit einer tief in seiner Seele verwurzelten Haltung: dem Mitleid. Und „Mitleid" ist ein sehr tiefgründiges Wort: Mitleid bedeutet „mit-dem-Anderen-leiden". Das Herz Christi offenbart das väterliche Mitleid Gottes mit jenem Mann, indem er sich ihm nähert und ihn berührt. Und diese Einzelheit ist sehr wichtig. Jesus „streckte die Hand aus, berührte ihn... Im gleichen Augenblick verschwand der Aussatz, und der Mann war rein" (V. 41-42). Die Barmherzigkeit Gottes überwindet jede Barriere und die Hand Jesu berührt den Aussätzigen. Er hält keinen Sicherheitsabstand ein und reagiert nicht, indem er jemand anderen bevollmächtigt, sondern er setzt sich selbst direkt der Ansteckung durch unser Übel aus. Und so wird gerade unser Übel zum Ort des Kontaktes: er, Jesus, nimmt unser krankes Menschsein von uns, und wir nehmen von ihm sein gesundes und heilendes Menschsein an. Dies geschieht jedes Mal, wenn wir mit Glauben ein Sakrament empfangen: Jesus, der Herr, „berührt" uns und schenkt uns seine Gnade. In diesem Fall denken wir besonders an das Sakrament der Versöhnung, das uns vom Aussatz der Sünde heilt.

Erneut zeigt uns das Evangelium, was Gott angesichts unseres Übels tut: Gott kommt nicht, um über den Schmerz „eine Vorlesung zu halten"; er kommt auch nicht, um das Leid und den Tod aus der Welt zu schaffen; er kommt vielmehr, um die Last unseres Menschseins auf sich zu nehmen, um es bis zum Ende zu tragen, um uns von der Wurzel her und endgültig zu befreien. So bekämpft Christus die Übel und die Leiden der

Welt: indem er sie auf sich nimmt und durch die Kraft der Barmherzigkeit Gottes besiegt.

[...] Wenn wir wahre Jünger Jesu sein wollen, sind wir aufgerufen, vereint mit ihm zu Werkzeugen seiner barmherzigen Liebe zu werden und jede Art der Ausgrenzung zu überwinden. Um gegenüber einem Armen oder Kranken „Christus nachzuahmen" *(vgl. 1 Kor 11,1)*, dürfen wir keine Angst haben, ihnen in die Augen zu sehen, uns ihnen mit Zärtlichkeit und Mitleid zu nähern, sie zu berühren und zu umarmen. Oft habe ich die Menschen, die den anderen helfen, darum gebeten, ihnen dabei in die Augen zu blicken und keine Angst zu haben, sie zu berühren, damit die Geste der Hilfe auch eine Geste der Kommunikation ist: auch wir müssen von ihnen angenommen werden. Eine Geste der Zärtlichkeit, eine Geste des Mitleids ...

Angelus vom 15. Februar 2015

Die Gleichnisse von der Barmherzigkeit

In den Gleichnissen, die von der Barmherzigkeit handeln, offenbart Jesus die Natur Gottes als die eines Vaters, der nie aufgibt, bevor er nicht mit Mitleid und Barmherzigkeit die Sünde vergeben und die Ablehnung überwunden hat. Wir kennen von diesen Bildreden drei ganz besonders: die Gleichnisse vom verlorenen Schaf und von der wiedergefundenen Drachme und das vom Vater und seinen beiden Söhnen *(vgl. Lk 15,1-32)*. In diesen Gleichnissen wird besonders die Freude des Vaters im Moment der Vergebung betont. Darin finden wir den Kern des Evangeliums und unseres Glaubens, denn die Barmherzigkeit wird als die Kraft vorgestellt, die alles besiegt, die die Herzen mit Liebe erfüllt und die tröstet durch Vergebung.

Aus einem weiteren Gleichnis gewinnen wir darüber hinaus eine Lehre für unser eigenes christliches Leben. Provoziert durch die Frage des Petrus, der wissen will, wie oft man verzeihen müsse, antwortet Jesus: „Nicht siebenmal, sondern siebenundsiebzigmal" *(Mt 18,22)*, und er schließt daran das Gleichnis vom „ unbarmherzigen Knecht" an. Als dieser seinem Herrn eine große Summe zurückzahlen sollte, bittet er ihn auf Knien, und sein Herr erlässt ihm die Schuld. Unmittelbar darauf begegnet er einem Mitknecht, der ihm ein paar wenige Cent schuldig war. Dieser bittet ihn ebenfalls auf Knien um Erbarmen, doch jener weigert sich und lässt ihn ins Gefängnis werfen. Als der Herr davon erfährt, wird er sehr zornig, lässt den Diener rufen und sagt zu ihm: „Hättest nicht auch du mit jenem, der gemeinsam mit dir in meinem Dienst steht, Erbarmen haben müssen, so wie ich mit dir Erbarmen hatte?" *(Mt 18,33)*. Und Jesus fügte an: „Ebenso wird mein himmlischer Vater jeden von euch behandeln, der seinem Bruder nicht von ganzem Herzen vergibt" *(Mt 18,35)*.

Dieses Gleichnis enthält eine tiefe Lehre für jeden von uns. Jesus stellt fest, dass Barmherzigkeit nicht nur eine Eigenschaft des Handelns Gottes ist. Sie wird vielmehr auch zum Kriterium, an dem man erkennt, wer wirklich seine Kinder sind. Wir sind also gerufen, Barmherzigkeit zu üben, weil uns selbst bereits Barmherzigkeit erwiesen wurde. Die Vergebung von begangenem Unrecht wird zum sichtbarsten Ausdruck der barmherzigen Liebe, und für uns Christen wird sie zum Imperativ, von dem wir nicht absehen können. Wie schwer ist es anscheinend, immer und immer wieder zu verzeihen! Und doch ist die Vergebung das Instrument, das in unsere schwachen Hände gelegt wurde, um den Frieden des Herzens zu finden. Groll, Wut, Gewalt und Rache hinter uns zu lassen, ist die notwendige Voraussetzung für ein geglücktes Leben. Nehmen wir daher die Empfehlung des Apostels auf: „Die Sonne soll über eurem Zorn nicht untergehen" *(Eph 4,26)*. Und hören wir vor allem auf das Wort Jesu, der die Barmherzigkeit zu einem Lebensideal und Kriterium für die Zeugnishaftigkeit unseres Glaubens gemacht hat: „Selig die Barmherzigen; denn sie werden Erbarmen finden" *(Mt 5,7)* ist die Seligpreisung, von der wir uns mit besonderer Hingabe in diesem Heiligen Jahr inspirieren lassen sollten.

Wie man sieht, ist die Barmherzigkeit in der Heiligen Schrift das Schlüsselwort, um Gottes Handeln uns gegenüber zu beschreiben. Er beschränkt sich nicht darauf, seine Liebe zu beteuern, sondern er macht sie sichtbar und greifbar. Tatsächlich kann die Liebe nie ein abstrakter Begriff sein. Aus ihrer Natur heraus ist sie stets konkrete Wirklichkeit: Absichten, Einstellungen und Verhalten, die sich im tagtäglichen Handeln bewähren. Die Barmherzigkeit Gottes entspringt seiner Verantwortung für uns. Er fühlt sich verantwortlich, d. h. Er will unser Wohl, und Er will uns glücklich sehen, voller Freude und Gelassenheit. Auf der gleichen Wellenlänge muss die barmherzige Liebe der Christen liegen. Wie der Vater liebt, so lieben auch seine Kinder. So wie Er barmherzig ist, sind auch wir berufen, untereinander barmherzig zu sein.

Verkündigungsbulle „Misericordiae Vultus"
des außerordentlichen Jubiläums der Barmherzigkeit
vom 11. April 2015

Der barmherzige Samariter

Im zehnten Kapitel nach Lukas [finden wir] das berühmte Gleichnis vom barmherzigen Samariter. Wer war dieser Mann? Es war irgendjemand, der auf der Straße, die die Wüste von Judäa durchquert, von Jerusalem nach Jericho hinabging. Kurz zuvor war ein Mann von Räubern überfallen, geplündert, niedergeschlagen und halb tot liegengelassen worden. Vor dem Samariter kommen ein Priester und ein Levit vorbei, das heißt zwei Personen, die für den Kult im Tempel des Herrn zuständig sind. Sie sehen jenen armen Mann, doch sie gehen weiter, ohne anzuhalten. Als dagegen der Samariter jenen Mann sah, „hatte er Mitleid", sagt das Evangelium *(Lk 10,33)*. Er ging zu ihm hin, goss Öl und Wein auf seine Wunden und verband sie; dann hob er ihn auf sein Reittier, brachte ihn zu einer Herberge und zahlte für ihn... Er sorgte also für ihn: er ist das Beispiel der Nächstenliebe. Warum aber wählt Jesus einen Samariter als Hauptperson des Gleichnisses? Weil die Samariter aufgrund unterschiedlicher religiöser Traditionen bei den Juden verachtet waren; und dennoch lässt Jesus erkennen, dass das Herz jenes Samariters gut und großherzig ist und dass er – im Unterschied zum Priester und zum Leviten – den Willen Gottes in die Praxis umsetzt, dem mehr an Barmherzigkeit als an Opfern liegt *(vgl. Mk 12,33)*. Gott will immer die Barmherzigkeit und nicht die gegen alle gerichtete Verurteilung. Er will die Barmherzigkeit des Herzens, weil er barmherzig ist und unsere Armseligkeiten, unsere Schwierigkeiten und auch unsere Sünden gut zu verstehen weiß. Gib uns allen dieses barmherzige Herz! Der Samariter tut genau das: er ahmt die Barmherzigkeit Gottes nach, die Barmherzigkeit gegenüber den Bedürftigen. Ein Mann, der in Fülle dieses Evangelium vom barmherzigen Samariter gelebt hat, ist der Heilige, dessen wir heute gedenken: der hl. Camillo de Lellis, Gründer der „Gesellschaft der Diener der Kranken", Schutzherr der Kranken und der im Krankendienst Tätigen. Der hl. Camillo starb am 14. Juli 1614: genau heute beginnt das Jahr, das seinen Höhepunkt in der Vierhundertjahrfeier seines Todes haben wird. Mit großer Zuneigung grüße ich alle geistlichen Söhne und Töchter des hl. Camillo, die sein Charisma der Nächstenliebe im täglichen Kontakt mit den Kranken leben. Seid wie er barmherzige Samariter! Und auch den Ärzten, Krankenpflegern und allen, die in den Krankenhäusern und Pflegeheimen arbeiten, wünsche ich, vom selben Geist beseelt zu sein. Empfehlen wir dieses Gebetsanliegen der Fürsprache der allerseligsten Jungfrau Maria. Und

ein weiteres Anliegen möchte ich zusammen mit
euch allen der Gottesmutter empfehlen.

Angelus vom 14. Juli 2013

Das Wunder von der Vermehrung der Brote und Fische

Jesus wirkte dieses Wunder am See von Genne-
saret, in einer einsamen Gegend, in die er sich
mit seinen Jüngern zurückgezogen hatte, nachdem er vom Tod Johannes des Täufers erfuhr.
Aber viele Menschen gingen ihnen nach und
holten sie ein; und als Jesus sie sah, hatte er Mitleid mit ihnen und heilte bis zum Abend Kranke.
Dann rieten ihm die Jünger, die wegen der spä-
ten Stunde besorgt waren, die Menschenmenge
fortzuschicken, damit sie in die Dörfer gehen
und sich etwas zu essen kaufen könne. Doch Jesus erwiderte ihnen ruhig: „Gebt ihr ihnen zu essen!" *(Mt 14,16)*; und nachdem er sich fünf Brote
und zwei Fische hatte bringen lassen, segnete er
sie und begann, die Brote zu brechen und sie den
Jüngern zu geben; die Jünger aber gaben sie den
Leuten. Alle aßen und wurden satt, und es blieb
sogar noch etwas übrig!

Diesem Geschehen können wir drei Botschaften entnehmen. Die erste ist die des *Mitleids*. Angesichts der Menge, die ihm nachgeht und ihn sozusagen „nicht in Frieden lässt", reagiert Jesus nicht gereizt, er sagt nicht: „Diese Leute sind mir lästig." Nein, nein. Er reagierte vielmehr mit einer Empfindung des Mitleids, da er weiß, dass sie ihn nicht aus Neugier aufsuchen, sondern weil sie seine Hilfe brauchen. Aber aufgepasst: Mitleid – das Mitleid, das Jesus empfindet – bedeutet nicht einfach ein Gefühl der Anteilnahme; es ist mehr! Es bedeutet, *mit-leiden*, das heißt, das Leid des anderen mitzuempfinden, bis zu dem Punkt, es auf sich zu nehmen. So ist Jesus: Er leidet zusammen mit uns, er leidet mit uns, er leidet für uns. Und das Zeichen dieses Mitleids sind die zahlreichen von ihm gewirkten Heilungen. Jesus lehrt uns, die Bedürfnisse der Armen den unseren voranzustellen. Unsere – wenn auch berechtigten – Bedürfnisse werden nie so dringlich sein wie jene der Armen, denen das Lebensnotwendige fehlt. Wir reden oft von den Armen. Doch wenn wir von den Armen sprechen, spüren wir, dass jenem Mann, jener Frau, jenen Kindern das Lebensnotwendige fehlt? Dass sie nichts zu essen haben, dass sie nichts zum Anziehen haben, dass ihnen die medizinische Versorgung fehlt... Auch dass die Kinder keine Möglichkeit haben, zur Schule zu gehen. Und aus diesem Grund werden unsere obgleich berechtigten Bedürfnisse nie so wichtig sein wie jene der Armen, denen das Nötigste zum Leben fehlt.

Die zweite Botschaft ist die des *Teilens*. Die erste ist das Mitleid, das Jesus verspürte, die zweite die des Teilens. Es ist hilfreich, die Reaktion der Jünger angesichts der müden und hungrigen Menschenmenge mit der Reaktion Jesu zu vergleichen. Sie unterscheiden sich. Die Jünger denken, dass es besser sei, sie fortzuschicken, damit sie sich etwas zu essen kaufen können. Jesus dagegen sagt: Gebt ihr ihnen zu essen. Zwei unterschiedliche Reaktionen, die zwei gegensätzliche Denkweisen widerspiegeln: Die Jünger denken gemäß der Logik der Welt, nach der jeder für sich selbst sorgen muss. Sie argumentieren, als sagten sie: „Seht zu, wie ihr alleine zurecht kommt!" Jesus argumentiert entsprechend der Logik Gottes, der Logik des Teilens. Wie oft wenden wir uns ab, um nur ja nicht die bedürftigen Brüder und Schwestern zu sehen! Und dieses Abwenden ist eine wohlerzogene Art und Weise, höflich zu sagen: „Seht zu, wie ihr alleine zurecht kommt!" Und das kommt nicht von Jesus: das ist Egoismus. Hätte er die Menge weggeschickt, hätten viele Menschen nichts zu essen gehabt.

Stattdessen reichten jene wenigen Brote und Fische, die geteilt und von Gott gesegnet wurden, für alle. Und aufgepasst! Das ist keine Zauberei, es ist ein „Zeichen": ein Zeichen, das uns einlädt, Vertrauen in Gott, den fürsorglichen Vater, zu haben, der es uns nicht an „unserem täglichen Brot" fehlen lässt, wenn wir es verstehen, es wie Brüder und Schwestern zu teilen. Mitleid, Teilen. Und die dritte Botschaft: das Wunder der Brotvermehrung deutet auf *die Eucharistie* hin.

Das ist in der Geste Jesu zu sehen, „der den Lobpreis sprach" *(vgl. V. 19)*, bevor er die Brote brach und sie an die Menschen verteilte. Es ist dieselbe Geste, die Jesus beim Letzten Abendmahl vollbringen wird, wenn er das ewige Gedächtnis seines Erlösungsopfers einsetzen wird. In der Eucharistie schenkt Jesus nicht irgendein Brot, sondern das Brot des ewigen Lebens, er schenkt sich selbst, indem er sich uns zuliebe dem Vater darbringt. Doch wir müssen uns der Eucharistie mit jenen Empfindungen Jesu nähern, also mit dem Mitleid und mit jenem Willen zum Teilen. Wer sich der Eucharistie nähert, ohne Mitleid mit den Bedürftigen zu haben und ohne zu teilen, der wird mit Jesus nicht übereinstimmen. *Mitleid, Teilen, Eucharistie.* Das ist der Weg, den Jesus in diesem Evangelium weist. Ein Weg, der uns dazu führt, uns in einer brüderlichen Hal-

tung mit den Nöten dieser Welt auseinanderzu-
setzen, ein Weg, der uns aber über diese Welt
hinausführt, da er von Gott, dem Vater, ausgeht
und zu ihm zurückkehrt.

Angelus vom 3. August 2014

Die Eucharistie als Lebensimpuls

Das Evangelium *Joh 6,1-15* berichtet vom großen
Zeichen der Brotvermehrung in der Fassung des
Evangelisten Johannes. Jesus befindet sich am
Ufer des Sees von Galiläa und ist umgeben von einer „großen Menschenmenge", „weil sie die Zeichen sahen, die er an den Kranken tat" (V. 2). In
ihm wirkt die barmherzige Kraft Gottes, die von
allem leiblichen und geistlichen Übel heilt. Doch
Jesus heilt nicht nur, er ist auch Meister: denn *er
steigt auf den Berg* und setzt sich nieder, in der
typischen Haltung des Meisters, wenn er lehrt:
er steigt auf jenen natürlichen, von seinem himmlischen Vater geschaffenen „Lehrstuhl". An diesem Punkt stellt Jesus, der sehr wohl weiß, was
er tun wird, *seine Jünger auf die Probe*. Was sollen wir tun, um all diesen Leuten zu essen zu geben? Philippus, einer der Zwölf, rechnet schnell

nach: Auch wenn man eine Kollekte organisieren würde, könnten höchstens 200 Denare gesammelt werden, um Brot zu kaufen, was jedoch nicht ausreichen würde, um fünftausend Menschen zu speisen. Die Jünger denken in Begriffen des „Marktes", Jesus aber ersetzt die Logik des Kaufens durch jene andere Logik, die Logik des Gebens. Und so kommt Andreas, ein weiterer Jünger, Bruder des Simon Petrus, mit einem kleinen Jungen, der alles, was er hat, zur Verfügung stellt: fünf Gerstenbrote und zwei Fische; aber das ist natürlich nichts, sagt Andreas, in Anbetracht jener großen Menge (vgl. V. 9). Gerade darauf aber hatte Jesus gewartet. Er weist die Jünger an, die Leute zum Hinsetzen zu bewegen, dann nahm er die Brote und Fische, *sprach* das Dankgebet zum Vater und *teilte sie aus* (vgl. V. 11). Diese Gesten nehmen die des Letzten Abendmahls vorweg, die dem Brot Jesu seine wahrste Bedeutung verleihen. Das Brot Gottes ist Jesus selbst. Wenn wir ihn in der Kommunion empfangen, erfüllt er uns mit seinem Leben, und wir werden zu Kindern des himmlischen Vaters und zu Geschwistern untereinander.

Wenn wir die Kommunion empfangen, begegnen wir dem wahrhaft lebendigen und auferstandenen Jesus! An der Eucharistie teilzunehmen bedeutet, in die Logik Jesu einzutreten, in die

Logik der Unentgeltlichkeit, des Teilens. Und so arm wir auch sein mögen, können wir alle etwas geben. „Die Kommunion empfangen" bedeutet auch, aus Christus die Gnade zu schöpfen, die uns befähigt, mit den anderen das zu teilen, was wir sind und was wir haben. Die Menschenmenge staunt über das Wunder der Brotvermehrung; doch das Geschenk, das Jesus anbietet, ist die *Fülle des Lebens für den hungernden Menschen.* Jesus stillt nicht allein den materiellen Hunger, sondern jenen tieferen Hunger nach dem Sinn des Lebens, den Hunger nach Gott. Was können wir tun angesichts des Leids, der Einsamkeit, der Armut und der Schwierigkeiten so vieler Menschen? Jammern löst nichts, doch wir können das Wenige anbieten, das wir haben, wie jener Junge im Evangelium. Wir haben gewiss ein paar Stunden Zeit, irgendein Talent, eine Fähigkeit... Wer von uns hätte da nicht seine „fünf Gerstenbrote und zwei Fische"? Wir alle haben sie! Wenn wir bereit sind, sie in die Hände des Herrn zu legen, werden sie ausreichend sein, damit es in der Welt ein wenig mehr Liebe, Frieden, Gerechtigkeit und vor allem Freude gibt. Wie notwendig ist doch die Freude in der Welt! Gott vermag unsere kleinen Gesten der Solidarität zu vermehren und uns an seiner Gabe Anteil nehmen zu lassen.

Unser Gebet trage den gemeinsamen Einsatz dafür, dass es nie jemandem am Brot des Himmels, das das ewige Leben schenkt, und am Notwendigen für ein menschenwürdiges Leben mangle, und es möge sich die Logik des Teilens und der Liebe durchsetzen.

Angelus vom 26. Juli 2015

Jesus als unser Vorbild

Wenn Jesus einen Menschen sieht, geht er auf ihn zu, weil er liebt. Er liebt uns alle. Nie hält er vor einer Person aufgrund von Vorurteilen inne. Jesus konfrontiert sie mit ihrer Situation, ohne über sie zu urteilen, sondern indem er sie beachtet, anerkannt fühlen und so in ihr das Verlangen wach werden lässt, über die alltägliche Routine hinauszugehen. Der Durst Jesu war nicht so sehr ein Durst nach Wasser als vielmehr danach, einer vertrockneten Seele zu begegnen. Jesus hatte das Bedürfnis, der Samariterin zu begegnen, um ihr das Herz zu öffnen: er bittet sie um etwas zu trinken, um den Durst hervorzuheben, der in ihr selbst war. Die Frau ist von dieser Begegnung berührt: sie richtet an

Jesus jene tiefen Fragen, die wir alle in uns haben, doch oft ignorieren.

Auch wir haben viele Fragen, doch wir finden nicht den Mut, sie Jesus zu stellen! [...] Das Beispiel der samaritischen Frau lädt uns ein, so zu sprechen: „Jesus, gib mir jenes Wasser, das meinen Durst in Ewigkeit stillen wird."

Das Evangelium sagt, dass sich die Jünger darüber gewundert hätten, dass ihr Meister mit jener Frau sprach. Doch der Herr ist größer als die Vorurteile, deshalb fürchtete er es nicht, sich mit der Samariterin abzugeben: die Barmherzigkeit ist größer als das Vorurteil. Das müssen wir gut lernen! Die Barmherzigkeit ist größer als das Vorurteil, und Jesus ist sehr, sehr barmherzig! Das Ergebnis jener Begegnung beim Brunnen war, dass die Frau verwandelt wurde: „Da ließ sie ihren Wasserkrug stehen" (V. 28), mit dem sie immer kam, um Wasser zu schöpfen, und eilte in die Stadt, um von ihrer außerordentlichen Erfahrung zu erzählen.

„Ich habe einen Mann gefunden, der mir alles gesagt hat, was ich getan habe: Ist er vielleicht der Messias?" Sie war begeistert. Sie war hingegangen, um Wasser vom Brunnen zu holen, und hatte ein anderes Wasser gefunden, das lebendige Wasser der Barmherzigkeit, das für das ewige Leben sprudelt. Sie hat das Wasser gefunden, das sie von jeher suchte! Sie eilt in den Ort, in jenen Ort, der über sie urteilte, der sie verurteilte und ablehnte, und verkündigt, dass sie dem Messias begegnet ist: einem, der ihr das Leben verändert hat. Denn jede Begegnung mit Jesus ändert uns das Leben, immer. Das ist ein Schritt nach vorn, ein Schritt, der näher zu Gott bringt. Und so ändert uns jede Begegnung mit Jesus das Leben. Immer, immer ist das so.

In diesem Evangelium finden auch wir den Ansporn, „unseren Wasserkrug stehenzulassen", Symbol für all das, was dem Anschein nach wichtig ist, doch vor der „Liebe Gottes" seinen Wert verliert. Wir alle haben einen, oder mehr als einen!

Ich frage euch, und auch mich: „Was ist dein innerer Wasserkrug, der dir eine Last ist, der dich von Gott entfernt?" Stellen wir ihn ein wenig beiseite und vernehmen wir mit dem Herzen die Stimme Jesu, die uns ein anderes Wasser anbietet, ein anderes Wasser, das uns dem Herrn näher bringt. Wir sind gerufen, die Bedeutung und den Sinn unseres christlichen Lebens, das mit der Taufe begonnen hat, neu zu entdecken und wie die Samariterin vor den Brüdern und Schwestern Zeugnis abzulegen. Wofür? Für die Freude! Die Freude der Begegnung mit Jesus bezeugen, denn ich habe gesagt, dass jede Begegnung mit Jesus unser Leben ändert, und jede Begegnung mit Jesus erfüllt uns auch mit Freude, mit jener Freude, die von innen kommt. Und so ist der Herr. Und wir müssen erzählen, wie viele wunderbare Dinge der Herr in unserem Herzen zu tun vermag, wenn wir den Mut aufbringen, unseren Wasserkrug beiseite zu lassen.

Angelus vom 23. März 2014

Jesus folgen

Und wenn wir auf Jesus schauen, dann sehen wir, dass er den Weg der Demut und des Dienstes gewählt hat. Ja, er selbst in seiner Person *ist* dieser Weg. Jesus war nicht unentschlossen, ihm waren die Dinge nicht gleichgültig: Er hat einen Entschluss gefasst, und er hat ihn bis zum Äußersten durchgeführt. Er hat sich entschlossen, Mensch zu werden und als Mensch ein Dienender zu sein, bis hin zum Tod am Kreuz. Das ist der Weg der Liebe: Es gibt keinen anderen. Daher sehen wir, dass die Nächstenliebe nicht einfach nur Wohlfahrt ist, und schon gar nicht Wohlfahrt, die dazu dient, das Gewissen zu beruhigen. Nein, das ist keine Liebe, das ist Handel, das ist Geschäftemacherei. Die Liebe ist unentgeltlich. Die

Nächstenliebe, die Liebe ist eine Lebensentscheidung, eine Form des Daseins, des Lebens; sie ist der Weg der Demut und der Solidarität. Es gibt keinen anderen Weg für diese Liebe, als demütig und solidarisch zu sein. Das Wort „Solidarität" in dieser Wegwerfkultur – was man nicht braucht, wirft man weg , nur um sich gerecht zu fühlen, sich rein zu fühlen, sich sauber zu fühlen. Die Ärmsten! Das Wort „Solidarität" droht aus dem Wörterbuch gestrichen zu werden, denn es ist ein Wort, das stört. Es stört. Warum? Weil es dich zwingt, den anderen anzuschauen und dich dem anderen liebevoll hinzuschenken.

Es ist besser, es aus dem Wörterbuch zu streichen, weil es stört. Aber wir dagegen, wir sagen: Das ist der Weg: Demut und Solidarität. Warum? Haben wir Priester sie erfunden? Nein! Es kommt von Jesus: Er hat es gesagt! Und wir wollen diesen Weg gehen. Die Demut Christi ist kein Moralismus, kein Gefühl. Die Demut Christi ist real, sie ist die Entscheidung, gering zu sein, bei den Geringen zu sein, bei den Ausgegrenzten, mitten unter uns zu sein, die wir alle Sünder sind. Achtung, das ist keine Ideologie! Es ist eine Form des Daseins und des Lebens, die von der Liebe ausgeht, vom Herzen Gottes ausgeht. Das ist das Erste, und ich freue mich sehr, mit euch darüber zu sprechen. Schauen wir auf Jesus: Er ist

unsere Freude, aber auch unsere Kraft, unsere
Gewissheit, denn er ist der sichere Weg: Demut,
Solidarität, Dienst. Es gibt keinen anderen Weg.
Bei der Statue Unserer Lieben Frau von Bonaria
ist Christus in Marias Arm zu sehen. Als gute
Mutter weist sie auf ihn hin, sie sagt uns, dass
wir auf ihn vertrauen sollen.

Aber es genügt nicht zu schauen, man muss ihm
nachfolgen! Und das ist der zweite Aspekt. Jesus
ist nicht in die Welt gekommen, um eine Parade
zu veranstalten, um sich zu zeigen. Er ist nicht
dafür gekommen. Jesus ist der Weg, und *ein Weg*
ist dazu da, ihn zu gehen, auf ihm unterwegs zu
sein. Ich möchte also vor allem dem Herrn danken für eurer Bemühen, ihm nachzufolgen, auch
in den Strapazen, im Leiden, hinter den Mauern
eines Gefängnisses. Vertrauen wir weiter auf
ihn, er wird eurem Herzen Hoffnung und Freude
schenken! Ich möchte ihm danken für euch alle,
die ihr euch hier in Cagliari und auf ganz Sardinien großherzig den Werken der Barmherzigkeit
widmet. Ich möchte euch ermutigen, diesen Weg
fortzusetzen, gemeinsam voranzugehen und danach zu streben, vor allem die Liebe untereinander zu bewahren.

Das ist sehr wichtig. Wir können Jesus nicht auf
dem Weg der Nächstenliebe nachfolgen, wenn
wir nicht vor allem einander lieben und uns nicht

darum bemühen zusammenzuarbeiten, einander
zu verstehen und einander zu vergeben, indem
wir alle die eigenen Grenzen und die eigenen
Fehler erkennen. Wir müssen Werke der Barmherzigkeit tun, aber mit Barmherzigkeit! Unser
Herz muss dort sein. Die Werke der Nächstenliebe mit Liebe, mit Zärtlichkeit, und immer mit
Demut! Wisst ihr was? Manchmal begegnet man
auch der Arroganz im Dienst an den Armen! Ich
bin mir sicher, dass ihr sie erlebt habt. Die Arroganz im Dienst an jenen, die unseren Dienst
brauchen. Einige brüsten sich, tun sich wichtig
mit den Armen; einige gebrauchen die Armen
für eigene Interessen oder die ihrer Gruppe.
Ich weiß, das ist menschlich, aber es ist nicht
in Ordnung! Das ist nicht das, was Jesus tut! Und
ich sage noch mehr: Es ist eine Sünde! Es ist eine
schwere Sünde, denn es bedeutet, die Notleiden-
den, jene die Not leiden, die das Fleisch Jesu sind,
für meine Eitelkeit zu gebrauchen. Ich gebrau-
che Jesus für meine Eitelkeit, und das ist eine
schwere Sünde! Diese Personen bleiben besser
zu Hause! Also: Jesus nachfolgen auf dem Weg
der Nächstenliebe, mit ihm in die Randgebiete des Lebens gehen. „Die Liebe Christi drängt
uns", sagte Paulus *(2 Kor 5,14)*. Für den guten
Hirten ist das, was fern ist, was am Rand steht,
was verloren und verachtet ist, Gegenstand grö-

ßerer Fürsorge, und die Kirche muss sich diese besondere Liebe und diese Aufmerksamkeit zu eigen machen. In der Kirche sind die Ersten jene, die die meiste Not leiden, menschliche, geistliche, materielle Not, die meiste Not.

Und wenn wir Christus auf dem Weg der Nächstenliebe nachfolgen, dann *säen wir Hoffnung* aus. Hoffnung aussäen: Das ist die dritte Überzeugung, die ich mit euch teilen möchte. Die italienische Gesellschaft hat heute einen großen Bedarf an Hoffnung, insbesondere Sardinien.

Wer politische und zivile Verantwortung trägt, hat seine eigene Aufgabe, die man als Bürger aktiv unterstützen muss. Einige Mitglieder der christlichen Gemeinde sind berufen, sich im Bereich der Politik einzusetzen, was eine hohe Form der Nächstenliebe ist, wie Paul VI. gesagt hat. Aber als Kirche tragen wir alle eine große Verantwortung: die Hoffnung auszusäen mit Werken der Solidarität und dabei immer zu versuchen, auf bestmögliche Weise mit den öffentlichen Einrichtungen zusammenzuarbeiten, unter Achtung der jeweiligen Zuständigkeiten. Die „Caritas" ist Ausdruck der Gemeinde, und die Kraft der christlichen Gemeinde besteht darin, die Gesellschaft von innen heraus wachsen zu lassen, wie der Sauerteig. Ich denke an eure Initiativen mit den Strafgefangenen in den Gefängnissen, ich denke an die freiwillige Hilfe vieler Verbände, an die Solidarität mit den Familien, die am meisten unter der Arbeitslosigkeit leiden. In all dem sage ich euch: Habt Mut! Lasst euch nicht die Hoffnung rauben, und geht voran! Lasst sie euch nicht rauben! Im Gegenteil: Sät Hoffnung aus! Danke, liebe Freunde! Ich segne euch alle, zusammen mit euren Familien. Und ich danke euch allen!

Ansprache vom 22. September 2013

Aus Mitleid wächst Barmherzigkeit

Aus Gottes Barmherzigkeit leben

„Der Herr, dein Gott, ist in deiner Mitte [...] Er freut sich und jubelt über dich, er erneuert seine Liebe zu dir, er jubelt über dich und frohlockt, wie man frohlockt an einem Festtag" *(Zef 3,17)*. Diese an Israel gerichteten Worte des Prophe-ten Zefanja können auch auf unsere Mutter, die Jungfrau Maria, bezogen werden, auf die Kirche und auf jeden von uns, auf unsere Seele, die Gott mit barmherziger Liebe liebt. Ja, Gott liebt uns so sehr, dass er sich sogar über uns freut und jubelt. Er liebt uns mit unentgeltlicher, grenzenloser Liebe, ohne irgendeine Gegenleistung zu erwarten – am Pelagianismus hat er kein Gefallen. Diese barmherzige Liebe ist das überraschendste Wesensmerkmal Gottes, die Synthese, in der die Botschaft des Evangeliums und der Glaube der Kirche zusammengefasst sind.

Das Wort „Barmherzigkeit" ist eine Lehnübersetzung des lateinischen „misericordia", das aus zwei Begriffen zusammengesetzt ist: miseria = Elend und cors = Herz. Das Herz bezeichnet die Fähigkeit zu lieben; die Barmherzigkeit ist die Liebe, die das Elend des Menschen umgreift. Es ist eine Liebe, die unsere Bedürftigkeit und Ärmlichkeit „mitfühlt", als sei sie die eigene, um uns aus ihr zu befreien. „Nicht darin besteht die Liebe, dass wir Gott geliebt haben, sondern dass er uns [zuerst] geliebt und seinen Sohn als Sühne für unsere Sünden gesandt hat" *(1 Joh 4,10)*. „Das Wort ist Fleisch geworden" *(Joh 1,14)* – auch am Gnostizismus hat Gott kein Gefallen – und wollte all unsere Gebrechlichkeiten mit uns teilen. Gott wollte unseren menschlichen Zustand erfahren bis zu dem Punkt, am Kreuz alles Leid des menschlichen Lebens auf sich zu nehmen. Das ist der Abgrund seines Mitleids und seiner Barmherzigkeit: ein Sich-Entäußern, um zum

Gefährten und Diener der verwundeten Menschheit zu werden. Keine Sünde kann seine barmherzige Nähe zunichte machen, noch ihn daran hindern, seine Gnade für die Umkehr wirken zu lassen, vorausgesetzt, dass wir sie erbitten. Ja, die Sünde selbst lässt die Liebe Gottes des Vaters noch stärker erstrahlen: Um den Knecht zu erlösen, hat er seinen Sohn hingegeben. Diese Barmherzigkeit Gottes kommt zu uns mit der Gabe des Heiligen Geistes, der in der Taufe das neue Leben seiner Jünger möglich macht, es hervorbringt und nährt. So groß und schwer die Sünden der Welt auch sein mögen – der Heilige Geist, der das Angesicht der Erde erneuert, ermöglicht das Wunder eines menschlicheren Lebens voller Freude und Hoffnung.

Und auch wir rufen jubelnd: „Der Herr ist mein Gott und mein Retter!" „Der Herr ist nahe." Das sagt uns der Apostel Paulus: „Sorgt euch um nichts, der Herr ist nahe!" *(Phil 4,6.5)* – und nicht er allein, sondern gemeinsam mit seiner Mutter. Sie sagte zum heiligen Juan Diego: „Warum hast du Angst? Bin denn ich, die ich doch deine Mutter bin, etwa nicht hier?" Er ist nahe. Er und seine Mutter. Seine größte Barmherzigkeit wurzelt darin, dass er mitten unter uns ist, in seiner Gegenwart und seiner Gesellschaft. Er geht gemeinsam mit uns voran, zeigt uns den Weg der

Liebe, hebt uns auf, wenn wir gefallen sind – und mit welcher Zärtlichkeit tut er das! –, hält uns aufrecht in unseren Mühen und begleitet uns in allen Umständen unseres Lebens. Er öffnet uns die Augen, damit wir das eigene Elend und das der Welt sehen, erfüllt uns aber zugleich mit Hoffnung. „Und der Friede Gottes [...] wird eure Herzen und eure Gedanken in der Gemeinschaft mit Christus Jesus bewahren" *(Phil 4,7)*, sagt uns Paulus. Das ist die Quelle unseres versöhnten und frohen Lebens; nichts und niemand kann uns diesen Frieden und diese Freude nehmen, trotz aller Leiden und Prüfungen des Lebens. Der Herr öffnet uns mit seiner Zärtlichkeit sein Herz, öffnet uns seine Liebe – gegen Formen von Starrheit ist er allergisch. Pflegen wir diese Erfahrung von Barmherzigkeit, Frieden und Hoffnung auf dem Weg des Advents, den wir beschreiten, und im Licht des Jubiläumsjahres! Wie Johannes der Täufer den Armen die Frohe Botschaft zu verkünden und dabei Werke der Barmherzigkeit zu vollbringen, ist eine gute Art, das Kommen Jesu an Weihnachten zu erwarten. Es bedeutet, ihn, der alles gab, der sich selbst ganz hingab, nachzuahmen. Das ist seine Barmherzigkeit, ohne irgendeine Gegenleistung zu erwarten.

Gott freut sich und jubelt ganz besonders über Maria. In einem der beliebtesten Gebete der Christenheit, dem *Salva Regina*, nennen wir Maria „Mutter der Barmherzigkeit". Sie hat die göttliche Barmherzigkeit erfahren und in ihrem Schoß die Quelle selbst dieser Barmherzigkeit empfangen: Jesus Christus. Sie, die immer in enger Verbundenheit mit ihrem Sohn gelebt hat, weiß besser als alle, was er möchte: dass alle Menschen gerettet werden, dass niemandem jemals die zärtliche Liebe und der Trost Gottes fehlt. Möge Maria, die Mutter der Barmherzigkeit, uns helfen zu begreifen, wie sehr Gott uns liebt!

Predigt vom 12. Dezember 2015

Wir dürfen keine Zuschauer sein

Das Evangelium ist reich an Episoden, die von der Barmherzigkeit Jesu und der Unentgeltlichkeit seiner Liebe zu den Leidenden und Schwachen berichten. In den Evangelien können wir die Nähe, die Güte, die Sanftmut Jesu sehen, mit denen er die Leidenden zu sich gerufen hat, ihnen Trost spendete, Linderung gab und sie oft heilte. Nach dem Beispiel unseres Meisters sind auch wir gerufen, den Menschen, denen wir begegnen, nahe zu sein und an ihrer Situation Anteil zu nehmen. Un-

sere Worte, unsere Gesten, unser Verhalten mögen
Solidarität zum Ausdruck bringen und den Willen,
dem Schmerz der anderen gegenüber nicht indif-
ferent zu bleiben. Das soll mit brüderlicher Wärme
geschehen, ohne dabei in eine Form des Paterna-
lismus zu verfallen.

Wir verfügen über viele Informationen und Sta-
tistiken bezüglich der Armut und des menschlichen Leids. Es besteht die Gefahr, höchstinfor-
mierte und oberflächliche Zuschauer dieser Realität zu sein, oder auch schöne Reden zu halten,
die mit mündlichen Lösungen und einem Des-
interesse gegenüber den wirklichen Problemen
enden. Zu viele Worte, zu viele Worte, zu viele
Worte! Es geschieht jedoch nichts! Das ist eine
Gefahr. Es betrifft nicht euch, ihr arbeitet, ihr
arbeitet gut! Die Gefahr besteht aber... Wenn ich
einige Gespräche mit anhöre unter Personen, die
die statistischen Zahlen kennen: „Welche Barbarei, Pater! Welche Barbarei, welche Unmensch-
lichkeit, welche Grausamkeit!" „Was machst du
gegen diese Barbarei?" Nichts, ich ergreife das
Wort! Und das löst kein Problem! Worte haben
wir viele gehört. Das, was wir brauchen, sind
Taten, euer Handeln, das christliche Zeugnis, zu
den Leidenden gehen, ihre Nähe suchen, wie Jesus es getan hat. Ahmen wir Jesus nach: Er geht
durch die Straßen und hat weder die Armen, die

Kranken, noch die Behinderten, denen er auf dem Weg begegnet, eingeplant; bei der ersten Begegnung blieb er stehen und wurde zu einer Präsenz, die Hilfe bringt, zu einem Zeichen der Nähe Gottes, der Güte, Vorsehung und Liebe ist.

Ansprache vom 14. Juni 2014

Die Tür des Herzens

Und wenn Jesus uns das Leben predigt, dann sagt er uns, wie unser Gericht sein wird. Er wird nicht sagen: Du, komm zu mir, weil du der Kirche so großzügige Spenden gegeben hast, du bist ein Wohltäter der Kirche, komm, komm in den Himmel. Nein. Den Eintritt in das Himmelreich bezahlt man nicht mit Geld. Er wird nicht sagen: Du bist sehr wichtig, du hast viel studiert und viele Auszeichnungen erhalten, komm in den Himmel. Nein. Die Auszeichnungen öffnen die Tür des Himmels nicht. Was wird Jesus zu uns sagen, um uns die Himmelstür zu öffnen? „Ich war hungrig, und du hast mir zu essen gegeben; ich war obdachlos, und du hast mich aufgenommen; ich war krank, und du hast mich besucht; ich war im Gefängnis, und du bist zu mir gekommen" *(vgl. Mt 25,35-36).* Jesus ist in der Demut und Einfachheit.

[Möge] der Herr die Tür unseres Herzens öffnen, bei allen. Alle brauchen wir dies, alle sind wir Sünder, für uns alle ist es notwendig, das Wort Gottes zu hören, und dass das Wort Gottes zu uns kommt. [...] Möge der Herr uns verstehen lassen, dass der Weg der Anmaßung, der Weg des Reichtums, der Weg der Eitelkeit, der Weg des Stolzes, keine Wege des Heils sind. Der Herr lasse uns begreifen, dass seine väterliche Zärtlichkeit, seine Barmherzigkeit, seine Vergebung dort ist, wo wir uns den Leidenden nähern, den aus der Gesellschaft Ausgegrenzten: dort ist Jesus. [...] wir haben kein Verdienst: [Jesus] allein ist es, der uns Barmherzigkeit und Gnade schenkt. Und um uns jener Gnade zu nähern, müssen wir uns den Ausgegrenzten, den Armen, den Bedürftigsten nähern, denn nach dieser Nähe werden wir alle gerichtet werden. [...] Gott ist verwundet von der Liebe, und daher ist er in der Lage, uns alle zu retten.

Predigt vom 18. Dezember 2015

Die Barmherzigkeit unserer Herzen

Jesus hat gesagt: „Wo euer Schatz ist, da ist auch euer Herz" – und ich frage: „Wo ist dein Schatz?" Was ist für dich die wichtigste, die kostbarste Wirklichkeit, die Wirklichkeit, die mein Herz wie ein Magnet anzieht?

Was zieht dein Herz an? Kann ich sagen, dass es die Liebe Gottes ist? Ist da der Wunsch, den anderen Gutes zu tun, für den Herrn und für unsere Brüder und Schwestern zu leben? Kann ich das sagen? Jeder antworte in seinem Herzen. Doch einer mag mir sagen: Pater, aber ich bin doch einer, der arbeitet, der eine Familie hat, für mich besteht die wichtigste Wirklichkeit darin, meine Familie zu unterhalten, die Arbeit... Gewiss, das ist wahr, das ist wichtig. Aber welche Kraft hält die Familie zusammen? Gerade die Liebe ist es, und wer die Liebe in unserem Herzen aussät, das ist Gott. Die Liebe Gottes, gerade die Liebe Gottes ist es, die den kleinen Verpflichtungen des Alltags Sinn gibt und auch dabei hilft, die großen Prüfungen anzunehmen. Das ist der wahre Schatz des Menschen. Mit Liebe im Leben vorwärts zu gehen, mit jener Liebe, die der Herr im Herzen ausgesät hat, mit der Liebe Gottes. Das ist der wahre Schatz. Doch was ist die Liebe Gottes? Sie ist nicht etwas Unbestimmtes, ein vages Gefühl. Die Liebe Gottes hat einen Namen und ein Gesicht: Jesus Christus, Jesus. Die Liebe Gottes offenbart sich in Jesus. Denn wir können nicht die Luft lieben...

Lieben wir die Luft? Lieben wir das Ganze? Nein, das kann man nicht, wir lieben Personen, und die Person, die wir lieben, ist Jesus, das Geschenk des Vaters unter uns. Das ist eine Liebe, die allem anderen Wert und Schönheit verleiht; eine Liebe, die der Familie, der Arbeit, dem Studium, der Freundschaft, der Kunst, jeder menschlichen Aktivität Kraft gibt. Und sie verleiht auch den negativen Erfahrungen Sinn, da uns diese Liebe gestattet, über diese Erfahrungen hinauszugehen, hinauszugehen, nicht Gefangene des Bösen zu bleiben, sondern sie lässt uns weitergehen, sie macht uns immer offen für die Hoffnung. Ja, die Liebe Gottes in Jesus öffnet uns immer für die Hoffnung, für jenen Horizont der Hoffnung, für den letzten Horizont unserer Pilgerschaft. So finden auch die Mühen und das Scheitern einen Sinn. Auch unsere Sünden finden einen Sinn in der Liebe Gottes, da uns diese Liebe Gottes in Jesus Christus immer vergibt, sie liebt uns so sehr, dass sie uns immer vergibt.

Angelus vom 11. August 2013

Die Kraft der Barmherzigkeit

Die Barmherzigkeit Jesu ist nicht nur ein Gefühl,
sie ist eine Kraft, die Leben schenkt, die den Menschen erweckt! Das sagt uns das heutige Evan-
gelium in der Begebenheit mit der Witwe von
Naïn *(Lk 7,11−17)*. Denn zusammen mit seinen
Jüngern erreicht Jesus gerade in dem Moment
Naïn, einen Ort in Galiläa, als eine Begräbnisfei-
er stattfindet: man trägt einen jungen Mann zu
Grabe, den einzigen Sohn einer Witwe. Der Blick
Jesu heftet sich sogleich auf die in Tränen auf-
gelöste Mutter. Der Evangelist Lukas sagt: „Als
der Herr die Frau sah, hatte er Mitleid mit ihr"
(V. 13). Dieses „Mitleid" ist die Liebe Gottes zum
Menschen, es ist die Barmherzigkeit, das heißt
die Haltung Gottes, wenn er auf das menschliche Elend trifft, auf unsere Schwäche, auf unser
Leiden, auf unsere Angst. Der biblische Begriff
des „Mitleids" ruft das innerste Fühlen einer
Mutter in Erinnerung: die Mutter nämlich verspürt angesichts des Schmerzes der Kinder eine
ganz eigene Reaktion. So liebt uns Gott, sagt
die Schrift. Und was ist die Frucht dieser Liebe,
dieser Barmherzigkeit? Das Leben! Jesus sagte zur Witwe von Naïn: „Weine nicht!", und dann
rief er den toten jungen Mann und erweckte ihn
wie vom Schlaf (vgl. V. 13-15). Bedenken wir dies,

das ist schön: die Barmherzigkeit Gottes schenkt dem Menschen Leben, sie erweckt ihn vom Tod. Der Herr blickt immer mit Barmherzigkeit auf uns; vergessen wir das nicht, er blickt immer mit Barmherzigkeit auf uns, er erwartet uns mit Barmherzigkeit. Haben wir keine Angst, uns ihm zu nähern! Er hat ein barmherziges Herz! Wenn wir ihm unsere inneren Verletzungen zeigen, unsere Sünden, vergibt er uns immer. Er ist reine Barmherzigkeit! Gehen wir zu Jesus!

Angelus vom 9. Juni 2013

Leben gegen die Ausgrenzung

„Herr, wenn du willst, kannst du machen, dass ich rein werde." Von Mitleid bewegt, streckte Jesus die Hand aus, berührte ihn und sagte zu ihm: „Ich will es − werde rein!" *(vgl. Mk 1,40-41)*. Das Mitleid Jesu! Dieses *Mit-leiden*, das ihn jedem leidenden Menschen nahebringt! Jesus schont sich nicht, nein, er lässt sich hineinziehen in den Schmerz und in die Not der Menschen, einfach weil er *„mit-leiden"* kann und will, weil er ein Herz hat, das sich nicht schämt, *„Mitleid"* zu haben.

„Jesus [konnte sich] in keiner Stadt mehr zeigen
... er hielt sich nur noch außerhalb der Städte an
einsamen Orten auf" *(Mk 1,45)*. Das bedeutet,
dass Jesus den Aussätzigen nicht nur geheilt hat,
sondern außerdem auch dessen Ausgrenzung
auf sich genommen hat, die das Gesetz des Mose
vorschrieb *(vgl. Lev 13,1-2.45-46)*. Jesus hat keine
Angst vor dem Risiko, das Leiden des anderen
auf sich zu nehmen, sondern er zahlt dessen
Preis bis zum Äußersten *(vgl. Jes 53,4)*.

Das *Mitleid* bringt Jesus dazu, konkret zu handeln: den *Ausgegrenzten wieder einzugliedern*!
Und das sind die drei Schlüsselbegriffe, die die
Kirche uns heute im Wortgottesdienst vorstellt:
das *Mitleid* Jesu angesichts der *Ausgrenzung* und
sein Wille zur *Eingliederung*.

Ausgrenzung: Mose behandelt das Problem der
Aussätzigen unter juristischem Gesichtspunkt
und verlangt, dass sie aus der Gesellschaft entfernt und ausgegrenzt werden, solange das Übel
anhält, und erklärt sie für „unrein" *(vgl. Lev 13,1-
2.45-46)*.

Stellt euch vor, wie viel Leiden und wie viel
Scham ein Aussätziger empfinden musste: phy-
sisch, gesellschaftlich, psychologisch und spiri-
tuell! Er ist nicht nur Opfer der Krankheit, sondern meint, sie auch verschuldet zu haben und
fühlt sich für seine Sünden bestraft! Er ist tot bei

lebendigem Leibe, wie einer, dem sein Vater „ins Gesicht gespuckt" hat *(Num 12,14)*.

Außerdem flößt der Aussätzige Angst, Verachtung und Ekel ein und wird darum von den eigenen Angehörigen verlassen, von den anderen gemieden, von der Gesellschaft ausgegrenzt, ja, die Gesellschaft selbst stößt ihn aus und zwingt ihn, an Orten zu leben, die von den Gesunden entfernt sind, sie schließt ihn aus. Und das geht so weit, dass ein Gesunder, sollte er sich einem Aussätzigen genähert haben, schwer bestraft und oft selbst wie ein Aussätziger behandelt wird.

Es ist wahr, der Zweck dieser Rechtsvorschrift war der, „die Gesunden zu retten", „die Gerechten zu schützen" und, um sie vor jedem Risiko zu bewahren, „die Gefahr" zu bannen, indem man den Ansteckenden erbarmungslos behandelte. So betonte ja der Hohepriester Kajaphas, „dass es besser ... ist, wenn ein einziger Mensch für das Volk stirbt, als wenn das ganze Volk zugrunde geht" *(Joh 11,50)*.

Eingliederung: Jesus stürzt jene Mentalität um, die sich in Angst verschließt und in ihren Vorurteilen selbst beschränkt, und erschüttert sie nachdrücklich. Er hebt jedoch das Gesetz des Mose nicht auf, sondern erfüllt es *(vgl. Mt 5,17)*, wenn er zum Beispiel das Talionsystem für unwirksam und schädlich erklärt; wenn er erklärt, dass eine Beobachtung des Sabbat, die den Menschen verachtet und verurteilt, Gott nicht gefällt, oder wenn er angesichts der Ehebrecherin diese nicht verurteilt, sondern sie sogar rettet vor dem blinden Eifer derer, die schon bereit waren, sie erbarmungslos zu steinigen, weil sie meinten, so das Gesetz des Mose anzuwenden *(vgl. Joh 8,3-11)*. Auch in der Bergpredigt *(vgl. Mt 5)* krempelt Jesus die Gewissen um, indem er der Menschheit neue Horizonte eröffnet und die Logik Gottes vollkommen offenbart − die Logik der Liebe, die sich nicht auf die Angst gründet, sondern auf die Freiheit, die Liebe, auf den gesunden Eifer und auf den Heilswillen Gottes: „Das ... gefällt Gott, unserem Retter; er will, dass alle Menschen gerettet werden und zur Erkenntnis der Wahrheit gelangen" *(1 Tim 2,3-4)*. „Barmherzigkeit will ich, nicht Opfer" *(vgl. Mt 12,7; Hos 6,6)*.

Jesus, der neue Mose, wollte den Aussätzigen heilen, er wollte ihn berühren, er wollte ihn wieder in die Gesellschaft eingliedern, ohne sich in Vorurteilen selbst zu beschränken, ohne sich der herrschenden Mentalität der Leute anzupassen, ohne sich über die Ansteckung überhaupt Gedanken zu machen. Jesus antwortet auf die flehentliche Bitte des Aussätzigen unverzüglich und ohne die üblichen Verzögerungen, um die Situation zu untersuchen und alle eventuellen

Folgen abzuwägen! Was für Jesus zählt, ist vor allem, die Fernen zu erreichen und zu retten, die Wunden der Kranken zu heilen und alle wieder in die Familie Gottes einzugliedern. Und das ist manchem ein Ärgernis!

Vor dieser Art von Ärgernis hat Jesus keine Angst! Er denkt nicht an die Verschlossenen, für die sogar eine Heilung ein Ärgernis ist, die an jeglicher Öffnung Anstoß nehmen, an jedwedem Schritt, der nicht in ihr geistiges und geistliches Schema passt, an jeder Liebkosung oder Zärtlichkeit, die nicht ihren Denkgewohnheiten und ihrer ritualistischen Reinheit entspricht. Er wollte die Ausgegrenzten eingliedern und diejenigen retten, die sich außerhalb des Lagers befinden *(vgl. Joh 10)*.

Es sind zwei Arten von Logik des Denkens und des Glaubens: die Angst, die Geretteten zu verlieren, und der Wunsch, die Verlorenen zu retten. Auch heute geschieht es manchmal, dass wir uns am Kreuzungspunkt dieser beiden Arten der Logik befinden: der Logik der Gesetzeslehrer, das heißt die Gefahr zu bannen durch Entfernen der angesteckten Person, und der Logik Gottes, der mit seiner Barmherzigkeit den Menschen umarmt und aufnimmt, ihn wieder eingliedert und so das Böse in Gutes, die Verurteilung in Rettung und die Ausgrenzung in Verkündigung verwandelt.

Diese beiden Arten der Logik durchziehen die gesamte Geschichte der Kirche: *ausgrenzen* und *wiedereingliedern*. Als der heilige Paulus den Auftrag des Herrn ausführte, die Verkündigung des Evangeliums bis an die Grenzen der Erde zu tragen *(vgl. Mt 28,19; Apg 1,8)*, erregte er Ärgernis und stieß auf starken Widerstand und große Feindseligkeit vor allem bei denen, die eine bedingungslose Befolgung des mosaischen Gesetzes auch von den konvertierten Heiden verlangten. Selbst der heilige Petrus wurde von der Gemeinde hart kritisiert, als er das Haus des heidnischen Hauptmanns Kornelius betreten hatte *(vgl. Apg 10)*.

Der Weg der Kirche ist vom Jerusalemer Konzil an immer der Weg Jesu: der Weg der Barmherzigkeit und der Eingliederung. Das bedeutet nicht, die Gefahr zu unterschätzen oder die Wölfe in die Herde eindringen zu lassen, sondern den verlorenen Sohn aufzunehmen, entschieden und mutig die Verletzungen der Sünde zu heilen, sich die Ärmel aufzukrempeln und nicht darin zu verharren, passiv das Leiden der Welt zu beobachten. Der Weg der Kirche ist der, niemanden auf ewig zu verurteilen, die Barmherzigkeit Gottes über alle Menschen auszugießen, die sie mit ehrlichen Herzen erbitten. Der Weg der Kirche ist genau der, aus der eigenen Umzäunung herauszugehen, um in den grundlegenden Randgebieten der Existenz die Fernen aufzusuchen; der Weg, ganz und gar die Logik Gottes zu übernehmen und dem Meister zu folgen, der sagte: „Nicht die Gesunden brauchen den Arzt, sondern die Kranken. Ich bin gekommen, um die Sünder ... zu rufen, nicht die Gerechten" *(Lk 5,31-32)*.

Indem Jesus den Aussätzigen heilt, fügt er keinem Gesunden Schaden zu, vielmehr befreit er ihn von der Angst; er setzt ihn nicht einer Gefahr aus, sondern schenkt ihm einen Bruder; er verachtet nicht das Gesetz, sondern achtet den Menschen, für den Gott das Gesetz gegeben hat. Tatsächlich befreit Jesus die Gesunden von der Versuchung des „älteren Bruders" *(vgl. Lk 15,11-32)* wie auch von der Last des Neids und dem Murren der Arbeiter, die „den ganzen Tag über die Last der Arbeit und die Hitze ertragen haben" *(vgl. Mt 20,1-16)*.

Daraus folgt: *Die Liebe kann nicht neutral, „keimfrei", gleichgültig, lau oder unparteiisch sein! Die Liebe steckt an, begeistert, wagt und bezieht ein! Denn die wirkliche Liebe ist immer unverdient, bedingungslos und gegenleistungsfrei (vgl. 1 Kor 13).* Die Liebe ist kreativ, wenn es darum geht, die richtige Sprache zu finden, um mit all denen Verbindung aufzunehmen, die als unheilbar und darum unberührbar angesehen werden. Die richtige Sprache finden... Die Berührung ist die wirklich kommunikative Sprache, dieselbe affektive Sprache, die dem Aussätzigen die Heilung vermittelt hat. Wie viele Heilungen können wir vollbringen und vermitteln, wenn wir diese Sprache der Berührung lernen! Er war ein Aussätziger und ist ein Verkünder der Liebe Gottes geworden. Das Evangelium berichtet: „Der Mann aber ging weg und erzählte bei jeder Gelegenheit, was geschehen war" *(Mk 1,45)*.

Das ist die Logik Jesu, das ist der Weg der Kirche: nicht nur jene, die an unsere Tür klopfen, mit dem Mut, der dem Evangelium entspricht, aufnehmen und eingliedern, sondern hinausgehen, sich aufmachen und ohne Vorurteile und Angst die Fernstehenden suchen und ihnen gegenleistungsfrei das offenbaren, was wir selber gegenleistungsfrei empfangen haben. „Wer sagt, dass er in ihm [Christus] bleibt, muss auch leben, wie er gelebt hat" *(1 Joh 2,6)*. Die rückhaltlose Verfügbarkeit im Dienst an den anderen ist unser Erkennungszeichen, ist unser einziger Ehrentitel!

Predigt vom 15. Februar 2015

Für eine Kirche der Barmherzigkeit

Die Kirche muss Barmherzigkeit leben

Die Kirche hat den Auftrag, die Barmherzigkeit Gottes, das pulsierende Herz des Evangeliums, zu verkünden. Durch sie soll die Barmherzigkeit das Herz und den Verstand der Menschen erreichen. Die Braut Christi macht sich die Haltung des Sohnes Gottes zu eigen und geht allen entgegen und schließt keinen aus. In unserer Zeit, in der die Kirche sich der Neuevangelisierung verschrieben hat, gilt es das Thema der Barmherzigkeit mit neuem Enthusiasmus und einer erneuerten Pastoral vorzutragen. Es ist entscheidend für die Kirche und für die Glaubwürdigkeit ihrer Verkündigung, dass sie in erster Person die Barmherzigkeit lebt und bezeugt! Ihre Sprache und ihre Gesten müssen die Barmherzigkeit vermitteln und so in die Herzen der Menschen eindringen und sie herausfordern, den Weg zurück zum Vater einzuschlagen.

Die erste Wahrheit der Kirche ist die Liebe Christi. Die Kirche macht sich zur Dienerin und Mittlerin dieser Liebe, die bis zur Vergebung und zur Selbsthingabe führt. Wo also die Kirche gegenwärtig ist, dort muss auch die Barmherzigkeit des Vaters sichtbar werden. In unseren Pfarreien, Gemeinschaften, Vereinigungen und Bewegungen, d. h. überall wo Christen sind, muss ein jeder Oasen der Barmherzigkeit vorfinden können.

Verkündigungsbulle „Misericordiae Vultus"
des außerordentlichen Jubiläums der Barmherzigkeit
vom 11. April 2015

Vom heiligen Franziskus lernen

Wo nimmt der Weg des heiligen Franziskus zu Christus seinen Anfang? Beim Blick des gekreuzigten Jesus. Sich von ihm anschauen lassen in dem Moment, in dem er sein Leben für uns hingibt und uns zu sich zieht. Franziskus hat diese Erfahrung in besonderer Weise in der kleinen Kirche von San Damiano gemacht, als er vor dem Kruzifix betete, das auch ich heute noch verehren werde. Auf diesem Kreuz erscheint Jesus nicht tot, sondern lebend! Das Blut fließt aus den Wunden der Hände, der Füße und der Seite herab, doch dieses Blut drückt Leben aus. Jesus hat die Augen nicht geschlossen, sondern geöffnet, weit offen: ein Blick, der zum Herzen spricht. Und der Gekreuzigte spricht uns nicht von Niederlage, von Scheitern. Paradoxerweise spricht er uns von einem Tod, der Leben ist, der Leben hervorbringt, denn er spricht uns von Liebe, weil er die Mensch gewordene Liebe Gottes ist. Und die Liebe stirbt nicht, nein, sie besiegt das Böse und den Tod. Wer sich vom gekreuzigten Jesus anschauen lässt, wird gleichsam neu erschaffen, wird eine „neue Schöpfung". Das ist der Ausgangspunkt von allem: Es ist die Erfahrung der verwandelnden Gnade, unverdient geliebt zu sein, obwohl man Sünder ist. Darum kann Franziskus wie der heilige Paulus sagen: „Ich aber will mich allein des Kreuzes Jesu Christi, unseres Herrn, rühmen" *(Gal 6,14)*.

Wir wenden uns an dich, heiliger Franziskus, und bitten dich: Lehre uns, vor dem Gekreuzigten zu verweilen, uns von ihm anschauen zu lassen, uns von seiner Liebe vergeben und neu erschaffen zu lassen.

Im Evangelium [gibt es] diese Worte: „Kommt alle zu mir, die ihr euch plagt und schwere Lasten zu tragen habt. Ich werde euch Ruhe verschaffen. Nehmt mein Joch auf euch und lernt von mir; denn ich bin gütig und von Herzen demütig" *(Mt 11,28-29)*.

Wer Christus nachfolgt, empfängt den wahren Frieden, den nur er uns geben kann und nicht die Welt. Der heilige Franziskus wird von vielen mit dem Frieden verbunden, und das ist recht so, doch wenige gehen in die Tiefe. Welches ist der Friede, den Franziskus empfangen und gelebt hat und den er an uns weitergibt? Es ist der Friede Christi, der den Weg über die größte Liebe, die des Kreuzes, genommen hat. Es ist der Friede, den der auferstandene Jesus den Jüngern schenkte, als er in ihrer Mitte erschien *(vgl. Joh 20,19.20)*.

Der franziskanische Friede ist keine Gefühlsduselei. Bitte, diesen heiligen Franziskus gibt es nicht! Und er ist auch nicht eine Art pantheisti-

scher Harmonie mit den Energien des Kosmos...
Auch das ist nicht franziskanisch. Auch das ist
nicht franziskanisch, sondern eine Idee, die einige
entwickelt haben! Der Friede des heiligen Franziskus ist der Friede Christi, und diesen Frieden
findet, wer Christi „Joch auf sich nimmt", nämlich sein Gebot: Liebt einander, so wie ich euch
geliebt habe *(vgl. Joh 13,34; 15,12)*. Und dieses
Joch kann man nicht mit Arroganz, mit Überheb-
lichkeit, mit Hochmut tragen, sondern nur mit
Gütigkeit und Herzensdemut kann man es tragen.
Wir wenden uns an dich, heiliger Franziskus,
und bitten dich: Lehre uns, „Werkzeuge des Friedens" zu sein, jenes Friedens, der seine Quelle in
Gott hat, des Friedens, den Jesus, der Herr, uns
gebracht hat.
Franziskus beginnt seinen Sonnengesang so:
„Höchster, allmächtiger, guter Herr ... gelobt seist
du ... mit allen deinen Geschöpfen" *(FF, 1820, in:
Franziskus-Quellen, Kevelaer 2009, S. 40)*. Die Liebe zur gesamten Schöpfung, zu ihrer Harmonie.
Der Heilige von Assisi bezeugt *die Achtung gegenüber allem, was Gott erschaffen hat* – und wie
Er es erschaffen hat –, ohne mit der Schöpfung
zu experimentieren, um sie zu zerstören: ihr helfen, sich zu entwickeln und immer schöner zu
werden, immer mehr dem zu entsprechen, wie

Gott sie geschaffen hat. Und vor allem bezeugt der heilige Franziskus die umfassende Achtung gegenüber dem Menschen, dass der Mensch berufen ist, den Menschen zu schützen, dass der Mensch im Zentrum der Schöpfung steht, an dem Ort, wo Gott, der Schöpfer, ihn wollte, und nicht Werkzeug der Götzen sei, die wir selber schaffen! Harmonie und Frieden.

Homilie vom 4. Oktober 2013

Mutter Gottes – Mutter der Kirche

Ich mag dieses Bild der Kirche als Mutter sehr. Daher wollte ich noch einmal darauf zurückkommen, denn mir scheint, dass dieses Bild uns nicht nur sagt, wie die Kirche ist, sondern auch, welches Antlitz die Kirche, diese unsere Mutter Kirche, immer mehr haben sollte.
Ich möchte drei Dinge hervorheben und dabei stets auf unsere Mütter blicken, auf all das, was sie tun, was sie leben, was sie für ihre Kinder erleiden. Damit möchte ich das am vergangenen Mittwoch Gesagte fortsetzen. Ich frage mich: Was tut eine Mutter? Zunächst bringt sie uns im Leben das Laufen bei, sie lehrt uns, im Leben den richtigen Weg zu

gehen, sie weiß ihren Kindern Orientierung zu geben und versucht immer, den richtigen Weg im Leben zu weisen, um zu wachsen und erwachsen zu werden. Und sie tut das mit Zärtlichkeit, mit Zuneigung, mit Liebe – immer, auch wenn sie versucht, unseren Weg zu begradigen, weil wir im Leben etwas ins Schleudern geraten sind oder Wege einschlagen, die auf einen Abgrund zu führen. Eine Mutter weiß, was wichtig ist, damit ein Kind im Leben den richtigen Weg geht, und sie hat es nicht aus Büchern gelernt, sondern sie hat es aus dem eigenen Herzen gelernt. Die Universität der Mütter ist ihr Herz! Dort lernen sie, wie sie ihre Kinder großziehen sollen.

Dasselbe tut die Kirche: Sie gibt unserem Leben Orientierung, sie lehrt uns, den richtigen Weg zu gehen. Denken wir an die Zehn Gebote: Sie weisen uns einen Weg, den wir gehen sollen, um zur Reife zu gelangen, um feste Bezugspunkte für unser Verhalten zu haben. Und sie sind Frucht der Zärtlichkeit, der Liebe Gottes, der sie uns geschenkt hat. Nun könntet ihr sagen: Aber es sind Gebote! Es ist eine Ansammlung von „Nein"! Ich möchte euch einladen, sie zu lesen – vielleicht habt ihr sie ein wenig vergessen – und sie dann positiv zu betrachten. Ihr werdet sehen, dass es darin um unser Verhalten gegenüber Gott, gegenüber uns selbst und gegenüber den anderen geht – genau das, was eine Mutter uns lehrt, um richtig zu leben. Sie laden uns ein, uns keine materiellen Götzen zu schaffen, die uns dann versklaven, an Gott zu denken, die Eltern zu achten, ehrlich zu sein, den Nächsten zu achten... Versucht einmal, sie so zu sehen und sie zu betrachten, als seien sie die Worte, die Lehren einer Mutter, um im Leben den richtigen Weg zu gehen. Eine Mutter lehrt nie Schlechtes, sie will nur das Wohl ihrer Kinder, und so auch die Kirche.

Ich möchte euch noch ein Zweites sagen: Wenn ein Kind heranwächst, erwachsen wird, dann schlägt es seinen eigenen Weg ein, übernimmt eigene Verantwortungen, steht auf eigenen Beinen, tut das, was es will. Und manchmal passiert es auch, dass es vom Weg abkommt, manchmal geschieht ein Unfall. Die Mutter hat immer, in jeder Situation, die Geduld, die Kinder weiter zu begleiten. Was sie drängt, ist die Kraft der Liebe; eine Mutter weiß, dem Weg ihrer Kinder mit Zurückhaltung, mit Zärtlichkeit zu folgen. Und auch wenn sie einen Fehler machen, findet sie immer einen Weg, um die Kinder zu verstehen, ihnen nahe zu sein, zu helfen. Wir – in meinem Land – sagen: Eine Mutter „sa dar la cara". Was bedeutet das? Es bedeutet, dass eine Mutter für ihre Kinder „das Gesicht hinhält", dass es sie dazu drängt, sie zu verteidigen, immer. Ich denke an die Mütter, die um Kinder leiden, die im Gefängnis sind oder sich in schwierigen Situationen befinden: Sie fragen sich nicht, ob sie schuldig sind oder nicht, sondern lieben sie auch weiterhin. Und oft werden sie gedemütigt, aber sie haben keine Angst und hören nicht auf, sich hinzuschenken.

So ist auch die Kirche: Sie ist eine barmherzige Mutter, die versteht, die immer versucht zu helfen, zu ermutigen. Auch vor den Kindern, die Fehler gemacht haben und Fehler machen, verschließt sie nie die Türen des Hauses; sie verurteilt nicht, sondern bietet Gottes Vergebung an, bietet seine Liebe an, die einlädt, den Weg wieder aufzunehmen – auch jenen ihrer Kinder, die in einen tiefen Abgrund gestürzt sind. Die Kirche hat keine Angst, in ihre Nacht einzutreten, um Hoffnung zu schenken: Die Kirche hat keine Angst, in unsere Nacht einzutreten, wenn wir uns in der Finsternis der Seele und des Gewissens befinden, um uns Hoffnung zu schenken! Denn die Kirche ist Mutter!

Ein letzter Gedanke. Eine Mutter weiß auch zu bitten, an jede Tür anzuklopfen für ihre Kinder, ohne Berechnung, sondern aus Liebe. Und ich denke daran, wie sehr die Mütter auch und vor allem an die Tür des Herzens Gottes anzuklopfen wissen! Mütter beten viel für ihre Kinder, besonders für die schwächeren, für jene, die es am meisten benötigen, für jene, die im Leben gefährliche oder falsche Wege eingeschlagen haben.

Generalaudienz vom 18. September 2013

Eine Mutter mit offenem Herzen

Eine Kirche „im Aufbruch" ist eine Kirche mit offenen Türen. Zu den anderen hinauszugehen, um an die menschlichen Randgebiete zu gelangen, bedeutet nicht, richtungs- und sinnlos auf die Welt zuzulaufen. Oftmals ist es besser, den Schritt zu verlangsamen, die Ängstlichkeit abzulegen, um dem anderen in die Augen zu sehen und zuzuhören, oder auf die Dringlichkeiten zu verzichten, um den zu begleiten, der am Straßenrand geblieben ist. Manchmal ist sie wie der Vater des verlorenen Sohns, der die Türen offen lässt, damit der Sohn, wenn er zurückkommt, ohne Schwierigkeit eintreten kann.

Die Kirche ist berufen, immer das offene Haus des Vaters zu sein. Eines der konkreten Zeichen dieser Öffnung ist es, überall Kirchen mit offenen Türen zu haben. So stößt einer, wenn er einer Eingebung des Geistes folgen will und näherkommt, weil er Gott sucht, nicht auf die Kälte einer verschlossenen Tür. Doch es gibt noch andere Türen, die ebenfalls nicht geschlossen werden dürfen. Alle können in irgendeiner Weise am kirchlichen Leben teilnehmen, alle können zur Gemeinschaft gehören, und auch die Türen der Sakramente dürften nicht aus irgendeinem beliebigen Grund geschlossen werden. Das gilt vor allem, wenn es sich um jenes Sakrament handelt, das „die Tür" ist: die Taufe. Die Eucharistie ist, obwohl sie die Fülle des sakramentalen Lebens darstellt, nicht eine Belohnung für die Vollkommenen, sondern ein großzügiges Heilmittel und eine Nahrung für die Schwachen. Diese Überzeugungen haben auch pastorale Konsequenzen, und wir sind berufen, sie mit Besonnenheit und Wagemut in Betracht zu ziehen. Häufig verhalten wir uns wie Kontrolleure der Gnade und nicht wie ihre Förderer. Doch die Kirche ist keine Zollstation, sie ist das Vaterhaus, wo Platz ist für jeden mit seinem mühevollen Leben.

Wenn die gesamte Kirche diese missionarische Dynamik annimmt, muss sie alle erreichen, ohne Ausnahmen. Doch wen müsste sie bevorzugen? Wenn einer das Evangelium liest, findet er eine ganz klare Ausrichtung: nicht so sehr die reichen Freunde und Nachbarn, sondern vor allem die Armen und die Kranken, diejenigen, die häufig verachtet und vergessen werden, die „es dir nicht vergelten können" (Lk 14,14). Es dürfen weder Zweifel bleiben, noch halten Erklärungen stand, die diese so klare Botschaft schwächen könnten. Heute und immer gilt: »Die Armen sind die ersten Adressaten des Evangeliums«, und die unentgeltlich an sie gerichtete Evangelisierung ist ein Zeichen des Reiches, das zu bringen Jesus gekommen ist. Ohne Umschweife ist zu sagen, dass − wie die Bischöfe Nordost-Indiens lehren − ein untrennbares Band zwi schen unserem Glauben und den Armen besteht. Lassen wir die Armen nie allein!

Brechen wir auf, gehen wir hinaus, um allen das Leben Jesu Christi anzubieten! Ich wiederhole hier für die ganze Kirche, was ich viele Male den Priestern und Laien von Buenos Aires gesagt habe: Mir ist eine „verbeulte" Kirche, die verletzt und beschmutzt ist, weil sie auf die Straßen hinausgegangen ist, lieber, als eine Kirche, die aufgrund ihrer Verschlossenheit und ihrer Bequemlichkeit, sich an die eigenen Sicherheiten zu klammern, krank ist. Ich will keine Kirche, die darum besorgt ist, der Mittelpunkt zu sein, und schließlich in einer Anhäufung von fixen Ideen und Streitigkeiten verstrickt ist. Wenn uns etwas in heilige Sorge versetzen und unser Gewissen beunruhigen soll, dann ist es die Tatsache, dass so viele unserer

Brüder und Schwestern ohne die Kraft, das Licht und den Trost der Freundschaft mit Jesus Christus leben, ohne eine Glaubensgemeinschaft, die sie aufnimmt, ohne einen Horizont von Sinn und Leben. Ich hoffe, dass mehr als die Furcht, einen Fehler zu machen, unser Beweggrund die Furcht sei, uns einzuschließen in die Strukturen, die uns einen falschen Schutz geben, in die Normen, die uns in unnachsichtige Richter verwandeln, in die Gewohnheiten, in denen wir uns ruhig fühlen, während draußen eine hungrige Menschenmenge wartet und Jesus uns pausenlos wiederholt: „Gebt ihr ihnen zu essen!" (Mk 6,37).

Evangelii Gaudium, 46-49

Caritas leben

[Die] *Apostelgeschichte (16,22-34)* zeigt uns eine etwas eigenartige Persönlichkeit. Es handelt sich um den Gefängniswärter des Gefängnisses von Philippi, in das Paulus und Silas nach einem Volksaufstand gegen sie eingesperrt worden sind. Die obersten Beamten lassen sie zuerst mit Ruten schlagen, werfen sie dann ins Gefängnis und befehlen dem Gefängniswärter, sie in sicherem Gewahrsam zu halten. Als jener Mann daher in der Nacht das Erdbeben spürt und die offenen Türen des Gefängnisses sieht, befällt ihn Verzweiflung, und er will sich töten. Aber Paulus beruhigt ihn, und er bittet zitternd, staunend und auf Knien um Rettung.

Der Text berichtet, dass jener Mann sofort die wesentlichen Schritte auf dem Weg des Glaubens und des Heils macht: er hört zusammen mit seiner Familie das Wort des Herrn, er wäscht die Striemen von Paulus und Silas, er empfängt mit allen seinen Angehörigen die Taufe und nimmt schließlich Paulus und Silas in sein Haus auf, lässt den Tisch decken und bewirtet sie voller Freude – der ganze Glaubensweg.

Verkündet und geglaubt, drängt das Evangelium, die Füße und Wunden der Leidenden zu waschen und den Tisch für sie zu decken. Einfachheit der Gesten, in denen die Annahme des Wortes und des Sakramentes der Taufe verbunden ist mit der Annahme des Bruders, als handle es sich gleichsam um eine einzige Geste: Gott annehmen und den anderen annehmen, den anderen mit der Gnade Gottes annehmen, Gott annehmen und ihn im Dienst am Bruder bezeugen.

Wort, Sakrament und Dienst verweisen aufeinander und befruchten sich gegenseitig, wie dies bereits in diesen Zeugnissen aus den Anfängen der Kirche zu sehen ist. In dieser Geste können wir die ganze Berufung der *Caritas* erkennen. *Caritas* ist mittlerweile eine große Konföderation, die auch in der Welt für ihre Arbeit sehr große Anerkennung findet. *Caritas* ist Kirche in sehr vielen Teilen der Welt und muss noch mehr Verbreitung finden auch in den verschiedenen Pfarreien und Gemeinschaften, um das, was in der frühen Zeit der Kirche geschehen ist, neu Wirklichkeit werden zu lassen. Denn die Wurzel eures ganzen Dienstes ist gerade die einfache und gehorsame Annahme Gottes und des Nächsten. Das ist die Wurzel. Wenn man diese Wurzel wegnimmt, dann stirbt *Caritas*. Und dieses Annehmen geschieht zuerst in euch selbst, denn dann geht ihr in die Welt und dient dort im Namen Christi, dem ihr begegnet seid und dem ihr in jedem Bruder und jeder Schwester begegnet, denen ihr nahe seid. Und deshalb muss man vermeiden, sie auf eine bloß humanitäre Organisation zu beschränken.

Die *Caritas* jeder Teilkirche, auch der kleinsten, ist dieselbe: es gibt nicht die große *Caritas* und die kleinen *Caritas*, alle sind gleich. Bitten wir den Herrn um die Gnade, die wahre Dimension der *Caritas* zu verstehen; um die Gnade, nicht dem Irrtum zu erliegen und zu glauben, dass ein gut organisierter Zentralismus der Weg ist; die

Gnade, zu verstehen, dass *Caritas* immer in den Randgebieten ist, in jeder Ortskirche; und die Gnade zu glauben, dass das *Caritas*-Zentrum einfach Hilfe, Dienst, Erfahrung der Gemeinschaft ist, aber nicht Oberhaupt aller.

Wer die Sendung der *Caritas* lebt, ist nicht nur ein einfacher Mitarbeiter, sondern eben Zeuge Christi. Ein Mensch, der Christus sucht und der sich von Christus suchen lässt; ein Mensch, der im Geist Christi liebt, im Geist der Unentgeltlichkeit, im Geist des Schenkens. All unsere Strategien und Planungen bleiben leer, wenn wir diese Liebe nicht in uns tragen. Nicht unsere Liebe, sondern seine. Oder noch besser, unsere Liebe, die geläutert und gestärkt ist von seiner Liebe. Und so können wir allen dienen und für alle den Tisch decken. Auch das ist ein schönes Bild, das die heutige Liturgie uns schenkt: den Tisch decken. Gott deckt für uns den Tisch der Eucharistie, auch jetzt. *Caritas* deckt so viele Tische für die Hungrigen. In diesen Monaten habt ihr die große Kampagne „Eine menschliche Familie, Nahrung für alle" durchgeführt. So viele Menschen warten auch heute darauf, genug zu essen zu haben.

Die Erde hat Nahrung für alle, aber scheinbar fehlt der Wille, mit allen zu teilen. Den Tisch für alle zu decken heißt, zu fordern, dass es einen Tisch für alle gibt. Alles in unserer Macht Stehende tun, damit alle zu essen haben, aber auch die Mächtigen der Erde daran erinnern, dass Gott sie eines Tages richten und offenbar werden wird, ob sie sich wirklich bemüht haben, Ihm in jedem Menschen Nahrung zu geben *(vgl. Mt 25,35)*, und ob sie sich dafür eingesetzt haben, dass die Umwelt nicht zerstört wird, sondern diese Nahrung hervorbringen kann.

Wenn wir an den Tisch der Eucharistie denken, dann dürfen wir jene unserer christlichen Brüder und Schwestern nicht vergessen, denen gewaltsam sowohl die Nahrung für den Leib als auch die Nahrung für die Seele genommen wurde: sie wurden aus ihren Häusern und ihren Kirchen vertrieben, die zum Teil zerstört worden sind. Ich rufe erneut auf, diese Menschen und diese inakzeptablen Ungerechtigkeiten nicht zu vergessen.

Gemeinsam mit vielen anderen Werken der Nächstenliebe in der Kirche offenbart *Caritas* so die Kraft der christlichen Liebe und den Wunsch der Kirche, in jedem Menschen, besonders wenn er arm ist und leidet, Christus zu begegnen. Das ist der Weg, der vor uns liegt, und ich hoffe, dass ihr die Arbeiten dieser Tage unter dieser Perspektive durchführen könnt.

Predigt vom 12. Mai 2015

Barmherzigkeit leben

Anfrage an uns

Wir können uns nicht den Worten des Herrn entziehen, auf deren Grundlage wir einst gerichtet werden: Haben wir dem Hungrigen zu essen gegeben und dem Durstigen zu trinken? Haben wir Fremde aufgenommen und Nackte bekleidet? Hatten wir Zeit, um Kranke und Gefangene zu besuchen? *(vgl. Mt 25,31-45)*. Genauso werden wir gefragt werden, ob wir geholfen haben, den Zweifel zu überwinden, der Angst schüren und oft auch einsam machen kann. Waren wir fähig, die Unwissenheit zu besiegen, in der Millionen Menschen leben, besonders die Kinder, denen es an der notwendigen Hilfe fehlt, um der Armut entrissen zu werden? Waren wir denen nahe, die einsam und bekümmert sind? Haben wir denen vergeben, die uns beleidigt haben, und jede Art von Groll und Hass abgewehrt, die zur Gewalt führen? Hatten wir Geduld nach dem Beispiel Gottes, der selbst so geduldig mit uns ist? Und schlussendlich, haben wir unsere Schwestern und Brüder im Gebet dem Herrn anvertraut? In einem jeden dieser „Geringsten" ist Christus gegenwärtig. Sein Fleisch wird erneut sichtbar in jedem gemarterten, verwundeten, gepeitschten, unterernährten, zur Flucht gezwungenen Leib ..., damit wir Ihn erkennen, Ihn berühren, Ihm sorgsam beistehen. Vergessen wir nicht die Worte des heiligen Johannes vom Kreuz: „Am Abend unseres Lebens werden wir nach der Liebe gerichtet werden."

Verkündigungsbulle „Misericordiae Vultus"
des außerordentlichen Jubiläums der Barmherzigkeit
vom 11. April 2015

Die Gefahren für unsere Herzen

Die Barmherzigkeit ist die wahre Kraft, die den Menschen und die Welt vor dem „Krebsgeschwür" retten kann, das die Sünde ist, das moralische Übel, das geistliche Übel. Allein die Liebe erfüllt die Leere, die negativen Abgründe, die das Böse im Herzen und in der Geschichte aufreißt. Allein die Liebe vermag dies, und das ist die Freude Gottes!

Jesus ist ganz Barmherzigkeit, Jesus ist ganz Liebe: er ist der menschgewordene Gott. Jeder von uns, jeder von uns ist jenes verlorene Schaf, jenes verlorene Geldstück; jeder von uns ist jener Sohn, der seine Freiheit vergeudet hat, falschen Götzen, Blendwerken des Glücks, gefolgt ist und alles verloren hat. Doch Gott vergisst uns nicht, der Vater verlässt uns nie. Er ist ein geduldiger Vater, er erwartet uns immer! Er respektiert unsere Freiheit, doch er bleibt immer treu. Und wenn wir zu ihm zurückkehren, nimmt er uns in seinem Haus wie Kinder auf, da er niemals aufhört, auch nicht einen Augenblick, uns voll Liebe zu erwarten. Und sein Herz feiert ein Fest für jedes Kind, das zurückkehrt. Es feiert ein Fest, weil es eine Freude ist. Gott hat diese Freude, wenn einer von uns Sündern zu ihm geht und um seine Vergebung bittet.

Was ist die Gefahr? Die Gefahr besteht darin, dass wir uns für gerecht halten und über die anderen urteilen. Wir urteilen auch über Gott, weil wir denken, dass er die Sünder züchtigen, zum Tod verurteilen sollte, statt ihnen zu vergeben. Ja, dann laufen wir Gefahr, draußen vor dem Haus des Vaters zu bleiben! Wie jener ältere Bruder des Gleichnisses, der – statt zufrieden zu sein, weil der Bruder zurückgekehrt ist – zornig auf den Vater ist, der ihn aufgenommen hat und ein Fest feiert.

Wenn in unserem Herzen keine Barmherzigkeit ist, keine Freude der Vergebung, sind wir nicht in Gemeinschaft mit Gott, selbst wenn wir alle Gebote befolgen, denn es ist die Liebe, die rettet, nicht allein die Befolgung der Gebote. Es ist die Liebe zu Gott und zum Nächsten, die alle Gebote erfüllt. Und das ist die Liebe Gottes, seine Freude: vergeben. Er erwartet uns immer! Vielleicht trägt da jemand in seinem Herzen etwas Schweres: „Aber ich habe das getan, ich habe jenes getan." Er erwartet dich! Er ist Vater: immer erwartet er uns!

Wenn wir nach dem Gesetz „Auge um Auge, Zahn um Zahn" leben, dann kommen wir nie aus der Spirale des Bösen heraus. Der Teufel ist schlau und macht uns vor, dass wir mit unserer menschlichen Gerechtigkeit uns und die Welt retten können. In Wirklichkeit kann uns allein die Gerechtigkeit Gottes retten! Und die Gerechtigkeit Gottes hat sich am Kreuz offenbart: das Kreuz ist das Urteil Gottes über uns alle und über diese Welt. Wie aber urteilt Gott über uns? Indem er sein Leben für uns hingibt! Ja, das ist der höchste Akt der Gerechtigkeit, der ein für alle Mal den Fürsten dieser Welt besiegt hat; und dieser höchste Akt der Gerechtigkeit ist gerade auch der höchste Akt der Barmherzigkeit. Jesus ruft uns alle, diesem Weg zu folgen: „Seid barmherzig, wie es auch euer Vater ist!" *(Lk 6,36)*. Ich bitte euch um etwas, jetzt. In Stille wollen wir alle nachdenken... jeder denke an einen Menschen, mit dem wir nicht gut stehen, auf den wir zornig sind, den wir nicht gern haben. Denken wir an jenen Menschen und beten wir in Stille, in diesem Augenblick, für diese Person und werden wir barmherzig gegenüber diesem Menschen.

Angelus vom 15. September 2013

Lasst uns wachsen
in der Menschlichkeit

Ich möchte euch etwas Persönliches [zitieren], einen der schönsten Briefe, den ich je bekommen habe, ein Geschenk der Liebe Jesu. Geschrieben hat ihn mir Nicolás, ein 16-jähriger Junge, der seit seiner Geburt behindert ist und in Buenos Aires lebt. Ich lese ihn euch vor: „Lieber Franziskus: mein Name ist Nicolás und ich bin 16 Jahre alt; da ich Dir nicht selbst schreiben kann (weil ich noch nicht sprechen und auch nicht gehen kann), habe ich meine Eltern gebeten, es für mich zu tun. Sie sind schließlich die Personen, die mich am besten kennen. Ich will Dir erzählen, dass ich, als ich 6 Jahre alt war, in meiner Schule, dem *AEDIN*, von Pater Pablo die Erstkommunion empfangen habe und dass ich dieses Jahr im November gefirmt werde. Darauf freue ich mich schon sehr! Seit Du mich darum gebeten hast, bitte ich jede Nacht meinen Schutzengel, der Eusebius heißt und viel Geduld hat, über Dich zu wachen und Dir zu helfen. Du kannst sicher sein, dass er seine Sache gut macht – schließlich kümmert er sich auch um mich und begleitet mich jeden Tag! Ja! Und wenn ich nicht einschlafen kann..., dann kommt er und spielt mit mir! Es wäre sehr schön, wenn ich zu Dir kommen und Deinen Segen und einen

Kuss von Dir bekommen könnte: das wäre schon genug!! Ich schicke Dir viele Grüße und werde Eusebius auch weiter darum bitten, dass er Dir hilft und Kraft gibt.

Alles Liebe, Dein NICO."

In diesem Brief, im Herzen dieses Jungen, liegt die Schönheit, die Liebe, die Poesie Gottes. Jenes Gottes, der sich denen offenbart, die ein einfaches Herz haben, den Kleinen, die wir oft als die Geringsten betrachten, auch euch, meine lieben Freunde: wenn dieser Junge nicht einschlafen kann, dann spielt er mit seinem Schutzengel; es ist Gott, der herabkommt, um mit ihm zu spielen. Auf Wunsch des Bischofs wird in der Kapelle dieses Instituts die immerwährende eucharistische Anbetung gehalten: derselbe Jesus, den wir im Sakrament anbeten, begegnet uns in den Schwächsten unserer Brüder und Schwestern, von denen wir ohne Barrieren und Komplikationen lernen, dass uns Gott mit der Einfachheit des Herzens liebt.

Ansprache vom 4. Oktober 2013

Vergebung ist Barmherzigkeit

„Empfangt den Heiligen Geist! Wem ihr die Sünden vergebt, dem sind sie vergeben; wem ihr die Vergebung verweigert, dem ist sie verweigert" *(Joh 20,22-23)*. Der in seinem Leib verklärte Jesus ist nunmehr der neue Mensch, der die österlichen Gaben schenkt, Frucht seines Todes und seiner Auferstehung. Was sind diese Gaben? Der Friede, die Freude, die Vergebung der Sünden, die Sendung, vor allem aber schenkt er den Heiligen Geist, der die Quelle all dieser Dinge ist. Das Hauchen Jesu, begleitet von den Worten, mit denen er den Geist übermittelt, verweist auf die Weitergabe des Lebens, des neuen, durch die Vergebung neu geborenen Lebens.

Bevor er sie aber anhaucht und den Geist schenkt, zeigt Jesus seine Wundmale in den Händen und in der Seite: Diese Wundmale stellen den Preis unseres Heils dar. Der Heilige Geist bringt uns die Vergebung Gottes, indem er durch die Wundmale Jesu „hindurchgeht". Diese Wundmale wollte er bewahren; auch in diesem Augenblick zeigt er dem Vater im Himmel die Wundmale, mit denen er uns erlöst hat. Kraft dieser Wundmale sind unsere Sünden vergeben: So hat Jesus sein Leben hingegeben für unseren Frieden, für unsere Freude, für das Geschenk der Gnade in unserer

Seele, für die Vergebung unserer Sünden. Es ist sehr schön, so auf Jesus zu schauen!

Und wir kommen zum zweiten Element: Jesus verleiht den Aposteln die Macht, Sünden zu vergeben. Es ist etwas schwierig zu verstehen, wie ein Mensch Sünden vergeben kann, aber Jesus verleiht diese Macht. Die Kirche ist Sachwalterin der Schlüsselgewalt, sie kann die Vergebung öffnen oder verschließen. Gott vergibt jedem Menschen in seiner souveränen Barmherzigkeit, aber er selbst hat gewollt, dass alle, die zu Christus und zur Kirche gehören, die Vergebung durch die Amtsträger der Gemeinschaft empfangen.

Durch den apostolischen Dienst erreicht mich die Barmherzigkeit Gottes, ist meine Schuld vergeben und wird mir die Freude geschenkt. Auf diese Weise ruft Jesus uns auf, die Versöhnung auch in der kirchlichen, gemeinschaftlichen Dimension zu leben. Und das ist sehr schön. Die Kirche, die heilig ist und gleichzeitig der Buße bedarf, begleitet unseren Weg der Bekehrung das ganze Leben hindurch. Die Kirche ist nicht Herrin über die Schlüsselgewalt, sondern Dienerin des Dienstes der Barmherzigkeit, und sie freut sich jedes Mal, wenn sie dieses göttliche Geschenk weitergeben kann. Viele Menschen verstehen die kirchliche Dimension der Vergebung vielleicht nicht, weil stets der Individualismus, der Subjektivismus vorherrscht, und auch wir Christen bekommen das zu spüren. Gewiss, Gott vergibt jedem reuigen Sünder, persönlich, aber der Christ ist an Christus gebunden, und Christus ist eins mit der Kirche.

Für uns Christen gibt es ein Geschenk mehr, und es gibt auch eine Verpflichtung mehr: demütig den Weg über den kirchlichen Dienst zu gehen. Wir müssen das wertschätzen: Es ist ein Geschenk, eine Fürsorge, ein Schutz, und es ist auch die Sicherheit, dass Gott mir vergeben hat. Ich gehe zu einem Bruder, einem Priester, und sage: „Pater, ich habe dies getan..." Und er antwortet: „Aber ich vergebe dir; Gott vergibt dir." In diesem Augenblick bin ich sicher, dass Gott mir vergeben hat! Und das ist schön, das bedeutet, die Sicherheit zu haben, dass Gott uns immer vergibt, dass er nicht müde wird zu vergeben. Und wir dürfen nicht müde werden, hinzugehen und um Vergebung zu bitten. Man mag sich schämen, die Sünden auszusprechen, aber unsere Mütter und unsere Großmütter haben gesagt, dass es besser ist, einmal rot zu werden als tausend Mal gelb. Man wird einmal rot, aber die Sünden werden uns vergeben, und es geht weiter.

Abschließend ein letzter Punkt: der Priester als Werkzeug der Sündenvergebung. Die uns in der Kirche geschenkte Vergebung Gottes wird uns übermittelt durch den Dienst eines Bruders, des Priesters. Auch er ist ein Mensch, der wie wir Barmherzigkeit benötigt, und er wird wirklich zum Werkzeug der Barmherzigkeit, indem er uns die grenzenlose Liebe Gottes, des Vaters, schenkt. Auch die Priester müssen beichten, auch die Bischöfe: wir sind alle Sünder. Auch der Papst beichtet alle vierzehn Tage, denn auch der Papst ist ein Sünder. Und der Beichtvater hört die Dinge, die ich ihm sage, er rät mir, und er vergibt mir, weil wir alle diese Vergebung brauchen. Manchmal kommt es vor, dass man hört, wie jemand behauptet, er beichte direkt bei Gott. Ja, wie ich vorhin gesagt habe, Gott hört dich immer, aber im Sakrament der Versöhnung schickt er einen Bruder, um dir die Vergebung zu bringen, die Gewissheit der Vergebung, im Namen der Kirche.

Der Dienst, den der Priester als Diener im Auftrag Gottes versieht, um die Sünden zu vergeben, ist sehr schwierig und erfordert, dass in seinem Herzen Frieden herrscht, dass im Herzen des Priesters Frieden herrscht; dass er die Gläubigen nicht quält, sondern sanftmütig, gütig und barmherzig ist; dass er es versteht, in den Herzen Hoffnung zu säen, und dass er sich vor allem bewusst ist, dass der Bruder oder die Schwester, der oder die das Sakrament der Versöhnung empfängt, Vergebung sucht und dies tut wie viele Menschen, die zu Jesus gingen, damit er sie heile. Wenn ein Priester diese Geisteshaltung nicht hat, dann ist es besser, dass er, solange er sich nicht ändert, dieses Sakrament nicht spendet. Die reuigen Gläubigen haben das Recht, alle Gläubigen haben das Recht, in den Priestern Diener der Vergebung Gottes zu finden.

Sind wir uns als Glieder der Kirche der Schönheit dieses Geschenks bewusst, das Gott uns anbietet? Freuen wir uns über diese Aufmerksamkeit, diese mütterliche Fürsorge, die die Kirche uns gegenüber hat? Wissen wir sie mit Einfachheit und Beständigkeit wertzuschätzen? Wir dürfen nicht vergessen, dass Gott niemals müde wird, uns zu vergeben. Durch den Dienst des Priesters schließt er uns wieder in seine Umarmung ein, die uns neu geboren werden lässt und es uns möglich macht, wieder aufzustehen und den Weg wieder aufzunehmen. Denn das ist unser Leben: ständig wieder aufstehen und den Weg wieder aufnehmen.

Generalaudienz vom 20. November 2013

Die Charismen der Barmherzigkeit

Jede Begegnung mit Christus, der uns in den Sakramenten das Heil schenkt, lädt uns ein, „aufzubrechen" und den anderen ein Heil mitzuteilen, das wir sehen, berühren konnten, dem wir begegnen durften und das wir annehmen durften, das wirklich glaubwürdig ist, weil es die Liebe ist. Auf diese Weise spornen uns die Sakramente an, Missionare zu sein. Und der Einsatz im Apostolat, um das Evangelium in jedes Umfeld zu bringen, auch in das feindseligste, ist die wahrste Frucht eines eifrigen sakramentalen Lebens, da es Teilnahme an der Heilsinitiative Gottes ist, der allen das Heil schenken möchte. Die Gnade der Sakramente nährt in uns einen starken und freudigen Glauben, einen Glauben, der über die „Wunder" Gottes zu staunen und den Götzen der Welt zu widerstehen weiß. Daher ist es wichtig, die Kommunion zu empfangen, ist es wichtig, dass Kinder früh getauft werden, dass sie die Firmung empfangen, denn die Sakramente sind die Gegenwart Jesu Christi in uns, eine Gegenwart, die uns hilft. Es ist wichtig, dass wir, wenn wir uns als Sünder fühlen, das Sakrament der Versöhnung empfangen. Jemand könnte sagen: „Ich habe aber Angst, denn der Priester wird mich hart bestrafen." Nein, der Priester wird dich nicht hart bestrafen. Weißt du, wem du im Sakrament der Versöhnung begegnen wirst? Du wirst Jesus begegnen, der dir vergibt! Jesus ist es, der dort auf dich wartet; und das ist ein Sakrament, das die ganze Kirche wachsen lässt.

Ein zweiter Aspekt der Gemeinschaft an den heiligen Dingen ist die *Gemeinschaft an den Charismen.* Der Heilige Geist schenkt den Gläubigen eine Menge an Gaben und geistlichen Gnaden; dieser sozusagen „phantasievolle" Reichtum der Gaben des Heiligen Geistes dient dem Aufbau der Kirche. Die Charismen – ein etwas schwieriges Wort – sind die Geschenke, die uns der Heilige Geist gibt, Fähigkeiten, Möglichkeiten... Diese Geschenke sind nicht dazu gegeben, verborgen zu werden, sondern um sie mit anderen zu teilen. Sie sind nicht für den gegeben, der sie empfängt, sondern zum Nutzen des Gottesvolkes. Wenn ein Charisma, ein solches Geschenk, dagegen dazu dient, sich selbst hervorzutun, darf man daran zweifeln, dass es sich um ein echtes Charisma handelt oder dass es treu gelebt wird.

Charismen sind besondere Gnaden, die einigen gegeben werden, um vielen anderen Gutes zu tun. Es sind Begabungen, Eingebungen und innere Antriebe, die im Gewissen und in der Erfahrung bestimmter Personen entstehen, die aufgerufen sind, sie in den Dienst der Gemeinschaft zu stellen. Insbesondere kommen diese geistigen Gaben der Heiligkeit der Kirche und ihrer Sendung zugute. Wir alle sind aufgerufen, sie in uns und in den anderen zu achten, sie als nützliche Impulse für die Präsenz und das fruchtbare Wirken der Kirche anzunehmen. Der hl. Paulus mahnte: „Löscht den Geist nicht aus!" *(1 Thess 5,19)*. Löschen wir den Geist nicht aus, der uns diese Geschenke macht, diese Fähigkeiten gibt, diese so schönen Tugenden, die die Kirche wachsen lassen.

Welche Haltung nehmen wir gegenüber diesen Gaben des Heiligen Geistes ein? Sind wir uns bewusst, dass der Geist Gottes frei ist, sie zu geben, wem er will? Betrachten wir sie als eine geistliche Hilfe, durch die der Herr unseren Glauben stützt und unsere Sendung in der Welt stärkt? Und kommen wir zum dritten Aspekt der Gemeinschaft an den heiligen Dingen: die *Gemeinschaft in der Liebe*, die Einheit unter uns, die durch die Liebe hergestellt wird. Als die Heiden die ersten Christen beobachteten, sagten sie: Wie sehr sie einander doch lieben, wie lieb sie einander haben! Sie hassen einander nicht, sie reden nicht schlecht übereinander. Das ist die Liebe, die Liebe Gottes, die der Heilige Geist uns ins Herz legt. Die Charismen sind wichtig im Leben der christlichen Gemeinschaft, aber es sind stets Mittel, um in der Liebe zu wachsen, die der hl. Paulus über die Charismen stellt *(vgl. 1 Kor 13,1-13).* Denn ohne die Liebe sind auch die außerordentlichsten Gaben nichts wert: Dieser Mann heilt Menschen, er hat diese Eigenschaft, jene Tugend... aber hat er Liebe in seinem Herzen? Wenn er sie hat, gut – wenn er sie aber nicht hat, dient er der Kirche nicht.

Ohne die Liebe dienen all diese Gaben und Charismen der Kirche nicht, denn wo keine Liebe ist, da ist eine Leere, die vom Egoismus gefüllt wird. Und ich frage mich: Wenn wir alle Egoisten sind, können wir dann in Gemeinschaft und im Frieden leben? Das kann man nicht, daher ist die Liebe notwendig, die uns vereint. Die kleinste unserer liebevollen Gesten hat gute Auswirkungen für alle! Die Einheit in der Kirche und die Gemeinschaft der Liebe zu leben bedeutet daher, nicht den Eigennutz zu suchen, sondern das Leiden und die Freude der Brüder zu teilen *(vgl. 1 Kor 12,26)*, mit der Bereitschaft, die Last der Schwächsten und Ärmsten zu teilen. Diese brüderliche Solidarität ist kein rhetorisches Stilmittel, keine Redensart, sondern sie ist ein wesentlicher Bestandteil der Gemeinschaft unter den Christen. Wenn wir sie leben, sind wir in der Welt Zeichen, „Sakrament" der Liebe Gottes. Wir sind es füreinander, und wir sind es für alle! Es handelt sich nicht nur um jene kleinen Liebesdienste, die wir einander erweisen können, es handelt sich um etwas Tieferes: Es ist eine Gemeinschaft, die uns fähig macht, in die Freude und in den Schmerz der anderen einzutreten, um sie uns aufrichtig zu eigen zu machen. Und oft sind wir zu gefühllos, gleichgültig, distanziert, und statt Brüderlichkeit zu vermitteln, vermitteln wir schlechte Laune, Kälte, Egoismus. Und mit schlechter Laune, Kälte, Egoismus kann man die Kirche nicht wachsen lassen: Die Kirche wächst nur durch die Liebe, die vom Heiligen Geist kommt. Der Herr lädt uns ein, uns zur Gemeinschaft mit ihm zu öffnen, in den Sakramenten, in den Charismen und in der Liebe, um so zu leben, wie es unserer christlichen Berufung würdig ist!

Generalaudienz vom 6. November 2013

Gerechtigkeit und Barmherzigkeit leben

Es ist nicht sinnlos, in diesem Zusammenhang auf die Beziehung zwischen *Gerechtigkeit* und *Barmherzigkeit* hinzuweisen. Es handelt sich dabei nicht um zwei gegensätzliche Aspekte, sondern um zwei Dimensionen einer einzigen Wirklichkeit, die sich fortschreitend entwickelt, bis sie ihren Höhepunkt in der Fülle der Liebe erreicht hat. Die Gerechtigkeit ist ein grundlegendes Konzept der Zivilgesellschaft, in der man sich normalerweise auf eine Rechtsordnung bezieht, in deren Rahmen das Gesetz angewendet wird. Unter Gerechtigkeit versteht man auch, dass einem jeden das gegeben werden muss, was ihm zusteht. In der Bibel spricht man vielfach von der Gerechtigkeit Gottes und von Gott als Richter. Dabei wird sie gemeinhin verstanden als die Beachtung des gesamten Gesetzes und das Verhalten eines jeden guten Israeliten gemäß dem göttlichen Gebot. Diese Sichtweise hat aber nicht selten zu einem Legalismus geführt, indem man den ursprünglichen Sinn verfälscht und den tiefen Sinn der Gerechtigkeit verdunkelt hat. Um eine legalistische Sichtweise zu überwinden, ist es notwendig, sich daran zu erinnern, dass in der Heiligen Schrift die Gerechtigkeit hauptsächlich

als ein sich völliges und vertrauensvolles Überlassen in den Willen Gottes verstanden wird.

Jesus selbst spricht viel häufiger von der Bedeutung
des Glaubens als von der Beachtung des Gesetzes.
Und in diesem Sinn müssen wir seine Worte verstehen, als Er – während Er mit Matthäus und anderen Zöllnern und Sündern zu Tisch sitzt – den Pharisäern, die ihn kritisierten, antwortete: „Darum
lernt, was es heißt: *Barmherzigkeit will ich, nicht
Opfer.* Denn ich bin gekommen, um die Sünder zu
rufen, nicht die Gerechten" *(Mt 9,13)*. Angesichts
einer Sicht der Gerechtigkeit als der bloßen Einhaltung von Gesetzen, die in der Folge Menschen
einteilt in Gerechte und Sünder, versucht Jesus die
große Gabe der Barmherzigkeit aufzuzeigen, die
Barmherzigkeit, die den Sünder sucht und ihm
Vergebung und Heil anbietet. Man versteht, warum
Er aufgrund einer solchen befreienden Vision, die
Quelle der Erneuerung ist, von den Pharisäern und
Schriftgelehrten abgelehnt wird. Diese legten in
ihrer Gesetzestreue den Menschen lediglich Lasten
auf die Schultern, blendeten aber die Barmherzigkeit des Vaters aus. Der Ruf nach der Einhaltung
des Gesetzes darf nicht die Aufmerksamkeit für die
Bedürfnisse behindern, die die Würde der Men-
schen ausmachen.

Der Hinweis Jesu auf den Text des Propheten Hosea – „Liebe will ich, nicht Schlachtopfer" *(Hos*

6,6) – ist in diesem Zusammenhang sehr bedeutsam. Jesus betont, dass von nun an der Primat der Barmherzigkeit die Lebensregel seiner Jünger ist, so wie er es selbst bezeugt hat, als er mit den Sündern zu Tisch saß. Die Barmherzigkeit wird noch einmal als die grundlegende Dimension der Sendung Jesu aufgezeigt. Das ist eine wirkliche Herausforderung für seine Gegenüber, die bei einer formalen Beachtung des Gesetzes stehenblieben. Jesus geht dagegen über das Gesetz hinaus. Dass er Gemeinschaft hat mit denen, die nach dem Gesetz Sünder waren, lässt verstehen, wie weit die Barmherzigkeit geht.

Auch der Apostel Paulus hat einen ähnlichen Weg durchschritten. Bevor er Jesus auf der Straße nach Damaskus begegnete, suchte er in seinem Leben auf tadellose Weise die Gesetzesgerechtigkeit *(vgl. Phil 3,6)*. Seine Bekehrung zu Christus verwandelte seine Sichtweise völlig, so dass er im Galaterbrief feststellt: „Auch wir sind dazu gekommen, an Christus Jesus zu glauben, damit wir gerecht werden durch den Glauben an Christus, und nicht durch Werke des Gesetzes" *(Gal 2,16)*. Sein Verständnis der Gerechtigkeit änderte sich radikal. Paulus stellt nun an die erste Stelle den Glauben und nicht mehr länger das Gesetz. Nicht die Beachtung des Gesetzes rettet, sondern der Glaube an Jesus Christus, der durch seinen Tod und seine Auferstehung in seiner gerecht machenden Barmherzigkeit das Heil bringt. Die Gerechtigkeit Gottes bedeutet jetzt die Befreiung derer, die Sklaven der Sünde und all ihrer Folgen sind. Die Gerechtigkeit Gottes ist seine Vergebung *(vgl. Ps 51,11-16)*.

Die Barmherzigkeit steht also nicht im Gegensatz zur Gerechtigkeit. Sie drückt vielmehr die Haltung Gottes gegenüber dem Sünder aus, dem Er eine weitere Möglichkeit zur Reue, zur Umkehr und zum Glauben anbietet. Die Erfahrung des Propheten Hosea kommt uns zu Hilfe, um zu zeigen, wie die Gerechtigkeit in Richtung der Barmherzigkeit überboten wird. Dieser Prophet gehört in eine der dramatischsten Abschnitte der Geschichte des Volkes Israel. Das Reich steht kurz vor der Zerstörung. Das Volk hat den Bund gebrochen, hat sich von Gott entfernt und den Glauben der Väter verloren. Nach menschlicher Logik wäre es nur gerecht, dächte Gott daran, dieses untreue Volk zurückzuweisen. Man hat den geschlossenen Bund nicht eingehalten, und folgerichtig verdient es die gerechte Strafe, das Exil. Die Worte des Propheten bezeugen das: „Doch er muss wieder zurück nach Ägypten, Assur wird sein König sein; denn sie haben sich geweigert umzukehren" *(Hos 11,5)*. Und doch, nach dieser ersten Reaktion, die nach Gerechtigkeit verlangt, verändert der Prophet seine

Wortwahl radikal und offenbart das wahre Antlitz Gottes: „Mein Herz wendet sich gegen mich,
mein Mitleid lodert auf. Ich will meinen glühen-
den Zorn nicht vollstrecken und Efraim nicht
noch einmal vernichten. Denn ich bin Gott, nicht
ein Mensch, der Heilige in deiner Mitte. Darum
komme ich nicht in der Hitze des Zorns" *(Hos
11,8-9)*. Der heilige Augustinus sagt gleichsam
als Kommentar zu diesem Wort des Propheten:
„Es ist leichter, dass Gott seinen Zorn zurückhält
als seine Barmherzigkeit." Das stimmt. Gottes
Zorn dauert einen Augenblick, seine Barmherzigkeit dagegen währt ewig.

Wenn Gott bei der Gerechtigkeit stehen bliebe,
dann wäre er nicht mehr Gott, sondern vielmehr
wie die Menschen, die die Beachtung des Gesetzes einfordern. Die Gerechtigkeit alleine genügt
nicht, und die Erfahrung lehrt uns, dass wer nur
an sie appelliert, Gefahr läuft, sie sogar zu zerstören. Darum überbietet Gott die Gerechtigkeit
mit der Barmherzigkeit und der Vergebung. Das
bedeutet keinesfalls, die Gerechtigkeit unterzu-
bewerten oder sie überflüssig zu machen. Ganz
im Gegenteil. Wer einen Fehler begeht, muss die
Strafe verbüßen. Aber dies ist nicht der End-
punkt, sondern der Anfang der Bekehrung, in
der man dann die Zärtlichkeit der Vergebung
erfährt. Gott lehnt die Gerechtigkeit nicht ab. Er

stellt sie aber in einen größeren Zusammenhang und geht über sie hinaus, so dass man die Liebe erfährt, die die Grundlage der wahren Gerechtigkeit ist. Wir müssen sehr genau hinschauen auf das, was Paulus schreibt, damit wir nicht genau in den Fehler verfallen, den der Apostel bei seinen jüdischen Zeitgenossen kritisiert: „Da sie die Gerechtigkeit Gottes verkannten und ihre eigene aufrichten wollten, haben sie sich der Gerechtigkeit Gottes nicht unterworfen. Denn Christus ist das Ende des Gesetzes, und jeder, der an ihn glaubt, wird gerecht" *(Röm 10,3-4)*. Diese Gerechtigkeit Gottes ist die Barmherzigkeit, die allen als Gnade geschenkt wird kraft des Todes und der Auferstehung Jesu Christi. Das Kreuz ist also das Urteil Gottes über uns alle und die Welt, denn es schenkt uns die Gewissheit der Liebe und des neuen Lebens.

Verkündigungsbulle „Misericordiae Vultus"
des außerordentlichen Jubiläums der Barmherzigkeit
vom 11. April 2015

Hoffnung des Lebens

Wir brauchen Christen, die für die Menschen unserer Zeit die Barmherzigkeit Gottes und seine Zärtlichkeit allen Geschöpfen gegenüber sichtbar machen. Wir alle wissen, dass die derzeitige Krise der Menschheit nicht nur oberflächlich ist, sie geht in die Tiefe. Aus diesem Grund muss sich die Neuevangelisierung der Sprache der Barmherzigkeit bedienen, während sie dazu aufruft, den Mut zu haben, gegen den Strom zu schwimmen, sich von den Götzen zum einzigen wahren Gott zu bekehren – einer Barmherzigkeit, die zuerst aus Gesten und Haltungen besteht und erst dann aus Worten. Die Kirche sagt mitten unter den Menschen von heute: Kommt alle zu Jesus, die ihr euch plagt und schwere Lasten zu tragen habt. Ich werde euch Ruhe verschaffen *(vgl. Mt 11,28–30)*. Kommt zu Jesus. Er allein hat Worte des ewigen Lebens.

Jeder Getaufte ist „Christophorus", also einer, der „Christus trägt", wie die antiken Kirchenväter zu sagen pflegten. Wer Christus begegnet ist, so wie die Samariterin am Brunnen, der kann diese Erfahrung nicht für sich behalten, sondern verspürt das Bedürfnis, sie mit anderen zu teilen, um andere Menschen zu Jesus zu bringen *(vgl. Joh 4)*. Wir alle müssen uns fragen, ob die Menschen, die uns begegnen, die Glut des Glaubens in unserem Leben wahrnehmen und in unserem Antlitz die Freude darüber sehen, Christus begegnet zu sein!

Die Begegnung, *das den anderen Entgegengehen.* Die Neuevangelisierung ist eine erneuerte Bewegung auf jene zu, denen der Glaube und der tiefere Sinn des Lebens abhanden gekommen sind. Diese Dynamik ist ein Teil der umfassenden Sendung Christi, der Welt das Leben und der Menschheit die Liebe des Vaters zu bringen. Gottes Sohn ist aus seinem Gottsein „herausgegangen" und ist uns entgegengekommen.

Die Kirche steht mitten in dieser Bewegung, jeder einzelne Christ ist dazu aufgerufen, den anderen Menschen entgegenzugehen, mit denen ins Gespräch zu kommen, die andere Überzeugungen haben als wir, mit denen, die einem anderen Glauben anhängen oder die gar nicht glauben. Allen zu begegnen, da uns allen gemeinsam ist, dass wir nach Gottes Bild und ihm ähnlich erschaffen worden sind. Wir können allen entgegengehen, furchtlos und ohne deshalb unsere Glaubenszugehörigkeit aufzugeben.

Niemand ist von der Hoffnung des Lebens, von der Liebe Gottes ausgeschlossen. Die Kirche ist gesandt, diese Hoffnung überall wieder zu wecken, vor allem aber dort, wo sie durch schwierige, mitunter gar unmenschliche Lebensbedingungen erstickt wird, wo die Hoffnung nicht mehr atmen kann und erstickt. Der Sauerstoff des Evangeliums ist notwendig, das Wehen des Geistes des auferstandenen Christus, das sie in den Herzen wieder entfacht. Die Kirche ist das Haus, dessen Türen immer offenstehen, und zwar nicht nur, damit dort jeder aufgenommen werden und Liebe und Hoffnung atmen kann, sondern auch, damit wir hinausgehen können, um diese Liebe und diese Hoffnung zu bringen. Der Heilige Geist drängt uns dazu, unseren geschützten Raum zu verlassen, und er führt uns bis in die Randgebiete der Menschheit.

All das ist in der Kirche aber nicht dem Zufall, der Improvisation überlassen. Es erfordert das Engagement aller für einen Pastoralplan, der an das Wesentliche erinnert und *genau auf dieses Wesentliche ausgerichtet ist, das heißt auf Jesus Christus.* Es ist nicht notwendig, sich in vielen nebensächlichen oder überflüssigen Dingen zu verlieren, sondern man muss sich auf die grundlegende Wirklichkeit konzentrieren, die die Begegnung mit Christus ist, mit seiner Barmherzigkeit, mit seiner Liebe, und die Mitmenschen so zu lieben, wie Er uns geliebt hat. Eine Begegnung mit Christus, die auch Anbetung ist, ein selten gebrauchtes Wort: Christus anbeten. Ein Plan, der von der Kreativität und Phantasie des Heiligen Geistes beseelt wird, der uns auch dazu drängt, mutig neue Wege einzuschlagen, ohne dabei zu verknöchern! Wir könnten uns die Frage stellen: Wie sieht die Pastoral in unseren Diözesen und Gemeinden aus? Vermag sie das Wesentliche, das heißt Jesus Christus, sichtbar zu machen? Gehen die unterschiedlichen Erfahrungen und Eigenschaften Hand in Hand mit der Harmonie, die der Heilige Geist schenkt? Oder ist unsere Pastoral so geartet, dass sie sich verzettelt, fragmentiert, weshalb am Ende dann jeder in seine eigene Richtung geht?

Ansprache vom 14. Oktober 2013

Das Leben teilen

Die Liebe zu den Menschen ist eine geistliche Kraft, welche die volle Begegnung mit Gott erleichtert, denn wer den Bruder nicht liebt, „geht in der Finsternis" *(1 Joh 2,11)*, „bleibt im Tod" *(1 Joh 3,14)* und „hat Gott nicht erkannt" *(1 Joh 4,8)*. Benedikt XVI. sagte, „dass die Abwendung vom Nächsten auch für Gott blind macht" und dass die Liebe letztlich das einzige Licht ist, „das eine dunkle Welt immer wieder erhellt und uns den Mut zum Leben und zum Handeln gibt." Wenn wir daher die „Mystik" leben, auf die anderen zuzugehen und ihr Wohl zu suchen, weiten wir unser Inneres, um die schönsten Geschenke des Herrn zu empfangen. Jedes Mal, wenn wir einem Menschen in Liebe begegnen, werden wir fähig, etwas Neues von Gott zu entdecken. Jedes Mal, wenn wir unsere Augen öffnen, um den anderen zu erkennen, wird unser Glaube weiter erleuchtet, um Gott zu erkennen. Infolgedessen können wir, wenn wir im geistlichen Leben wachsen wollen, nicht darauf verzichten, missionarisch zu sein. Die Aufgabe der Evangelisierung bereichert Herz und Sinn, eröffnet uns geistliche Horizonte, macht uns empfänglicher, um das Wirken des Heiligen Geistes zu erkennen, und führt uns aus unseren engen geistlichen Schablonen heraus. Gleichzeitig erfährt ein engagierter Missionar die Freude, eine Quelle zu sein, die überfließt und die anderen erfrischt. Missionar kann nur sein, wer sich wohl fühlt, wenn er das Wohl des anderen sucht, das Glück der anderen will. Diese Öffnung des Herzens ist ein Quell des Glücks, denn „geben ist seliger als nehmen" *(Apg 20,35)*. Keiner hat ein besseres Leben, wenn er die anderen flieht, sich versteckt, sich weigert teilzunehmen, widersteht zu geben, sich in seine Bequemlichkeit einschließt. Dies kommt vielmehr einem langsamen Selbstmord gleich.

Die Mission im Herzen des Volkes ist nicht ein Teil meines Lebens oder ein Schmuck, den ich auch wegnehmen kann; sie ist kein Anhang oder ein zusätzlicher Belang des Lebens. Sie ist etwas, das ich nicht aus meinem Sein ausreißen kann, außer ich will mich zerstören. *Ich bin eine Mission* auf dieser Erde, und ihretwegen bin ich auf dieser Welt. Man muss erkennen, dass man selber „gebrandmarkt"? ist für diese Mission, Licht zu bringen, zu segnen, zu beleben, aufzurichten, zu heilen, zu befreien. Da zeigt sich, wer aus ganzer Seele Krankenschwester, aus ganzer Seele Lehrer, aus ganzer Seele Politiker ist – diejenigen, die sich zutiefst dafür entschieden haben, bei den anderen und für die anderen da zu sein. Wenn hingegen einer die Pflicht auf der einen Seite und die Privatsphäre auf der anderen Seite voneinander trennt, dann wird alles grau, und er wird ständig Anerkennung suchen oder seine eigenen Bedürfnisse verteidigen. So wird er aufhören, „Volk?" zu sein.

Um das Leben mit den Menschen zu teilen und uns ihnen großherzig zu widmen, müssen wir auch anerkennen, dass jeder Mensch unserer Hingabe würdig ist. Nicht wegen seiner körperlichen Gestalt, seiner Fähigkeiten, seiner Sprache, seines Denkens oder der Befriedigung, die wir erhalten, sondern weil er Werk Gottes, sein

Geschöpf ist. Dieser hat ihn als sein Abbild erschaffen, und er spiegelt etwas von Gottes Herr-
lichkeit wider. Jeder Mensch ist Objekt der unendlichen zarten Liebe des Herrn, und er selbst
wohnt in seinem Leben. Jesus Christus hat sein
kostbares Blut am Kreuz für diesen Menschen
vergossen. Jenseits aller äußeren Erscheinung
ist jeder *unendlich heilig und verdient unsere
Liebe und unsere Hingabe.* Deswegen, wenn ich
es schaffe, nur einem Menschen zu helfen, ein
besseres Leben zu haben, rechtfertigt dies schon
den Einsatz meines Lebens. Es ist schön, gläubi-
ges Volk Gottes zu sein. Und die Fülle erreichen
wir, wenn wir die Wände einreißen und sich unser Herz mit Gesichtern und Namen füllt!

Evangelii Gaudium vom 24. November 2013

Die Schöpfung bewahren

Wenn unsere Augen vom Heiligen Geist erleuchtet sind, dann öffnen sie sich für die Betrachtung
Gottes in der Schönheit der Natur und in der Größe des Universums, und lassen uns entdecken,
dass alles von ihm und seiner Liebe spricht. All
das weckt in uns großes Staunen und eine tiefe

Dankbarkeit! Das empfinden wir auch, wenn wir ein Kunstwerk oder etwas Schönes bewundern, das Frucht des Verstandes und der Kreativität des Menschen ist: Angesichts all dieser Dinge lässt uns der Heilige Geist den Herrn aus tiefstem Herzen lobpreisen und in allem, was wir sind und haben, eine unermessliche Gabe Gottes und ein Zeichen seiner unendlichen Liebe zu uns erkennen. Im ersten Kapitel des *Buches Genesis*, gleich am Anfang der ganzen Bibel, wird betont, dass Gott seine Schöpfung gefällt; wiederholt wird die Schönheit und die Gutheit aller Dinge hervorgehoben. Am Ende eines jeden Tages, so steht geschrieben, „sah Gott, dass es gut war" *(1,12.18.21.25)*: Wenn Gott sieht, dass die Schöpfung etwas Gutes, etwas Schönes ist, dann müssen auch wir diese Haltung einnehmen und sehen, dass die Schöpfung etwas Gutes und Schönes ist. Das ist die Gabe der Erkenntnis, die uns diese Schönheit sehen lässt. Daher preisen wir Gott und danken ihm, dass er uns so viel Schönheit geschenkt hat. Und als Gott die Erschaffung des Menschen beendet hatte, sagte er nicht: „Er sah, dass es gut war", sondern er sagte, dass es „sehr gut" war (V. 31). In den Augen Gottes sind wir das Schönste, das Größte, das Beste der Schöpfung: Auch die Engel stehen unter uns, wir sind mehr als die Engel, wie wir im *Buch der*

Psalmen gehört haben. Der Herr liebt uns! Dafür müssen wir ihm danken. Die Gabe der Erkenntnis bringt uns in tiefen Einklang mit dem Schöpfer und lässt uns an der Klarheit seiner Sicht und seines Urteils teilhaben. Und aus dieser Perspektive heraus können wir im Mann und in der Frau die Krone der Schöpfung erkennen, als Vollendung eines Liebesplanes, der einem jeden von uns eingeprägt ist und der uns einander als Brüder und Schwestern erkennen lässt.

All das ist Grund für innere Ruhe und Frieden und macht den Christen zu einem frohen Zeugen Gottes, auf der Spur des heiligen Franz von Assisi und vieler Heiliger, die es verstanden haben, seine Liebe durch die Betrachtung der Schöpfung zu loben und zu preisen. Gleichzeitig jedoch hilft uns die Gabe der Erkenntnis, nicht in übertriebene oder falsche Haltungen zu verfallen. Die erste besteht in der Gefahr, uns als Herren über die Schöpfung zu betrachten. Die Schöpfung ist kein Eigentum, über das wir nach unserem Gutdünken herrschen können. Und noch weniger ist sie Eigentum nur einiger weniger: Die Schöpfung ist ein Geschenk. Sie ist ein wunderbares Geschenk, das Gott uns gegeben hat, damit wir für sie Sorge tragen und sie zum Wohl aller gebrauchen, stets mit großer Achtung und Dankbarkeit. Die zweite falsche Haltung ist die Versuchung, bei den Geschöpfen stehenzubleiben, so als wären sie die Antwort auf alle unsere Erwartungen. Mit der Gabe der Erkenntnis hilft uns der Heilige Geist, nicht in diesen Fehler zu verfallen. Ich möchte jedoch auf den ersten falschen Weg zurückkommen: über die Schöpfung zu herrschen, statt sie zu bewahren. Wir müssen die Schöpfung bewahren, denn sie ist eine Gabe, die der Herr uns geschenkt hat, sie ist Gottes Geschenk an uns; wir sind Hüter der Schöpfung. Wenn wir die Schöpfung ausbeuten, zerstören wir das Zeichen der Liebe Gottes. Die Schöpfung zerstören bedeutet zu Gott zu sagen: „Sie gefällt mir nicht." Und das ist nicht gut: Das ist die Sünde.

Die Bewahrung der Schöpfung ist die Bewahrung von Gottes Geschenk, und es bedeutet, zu Gott zu sagen: „Danke, ich bin der Hüter der Schöpfung, aber um sie fortschreiten zu lassen, und niemals, um dein Geschenk zu zerstören." Diese Haltung müssen wir gegenüber der Schöpfung einnehmen: sie zu bewahren, denn wenn wir die Schöpfung zerstören, wird die Schöpfung uns zerstören! Vergesst das nicht. Einmal war ich auf dem Land und habe etwas gehört, das ein einfacher Mensch sagte, der Blumen sehr mochte und sie pflegte. Er sagte zu mir: „Wir müssen diese schönen Dinge bewahren, die Gott uns gegeben hat; die Schöpfung ist für uns da, damit wir guten Nutzen aus ihr ziehen; nicht um sie auszubeuten, sondern um sie zu bewahren, denn Gott vergibt immer, wir Menschen vergeben manchmal, aber die Schöpfung vergibt nie, und wenn du sie nicht bewahrst, wird sie dich zerstören." Das muss uns zu denken geben und uns den Heiligen Geist um die Gabe der Erkenntnis bitten lassen, um zu verstehen, dass die Schöpfung das schönste Geschenk Gottes ist. Er hat viele gute Dinge geschaffen für das Beste von allem: den Menschen.

Generalaudienz vom 21. Mai 2014

Erfüllung finden

Die Weisheit der Alten

Dank des medizinischen Fortschritts ist das Leben länger geworden: Aber die Gesellschaft hat sich nicht zum Leben hin „erweitert"! Die Zahl der alten Menschen hat sich vervielfacht, aber unsere Gesellschaften haben sich nicht ausreichend organisiert, um Raum für sie zu schaffen, zusammen mit der rechten Achtung und konkreten Berücksichtigung ihrer Schwachheit und ihrer Würde. Solange wir jung sind, sind wir verleitet, das Alter zu ignorieren, so als wäre es eine Krankheit, die ferngehalten werden muss. Wenn wir dann alt werden, besonders wenn wir arm sind, wenn wir krank und allein sind, erfahren wir die Mängel einer Gesellschaft, die auf Leistung programmiert ist und infolgedessen die alten Menschen übersieht. Und die alten Menschen sind ein Reichtum, man darf sie nicht übersehen.

Benedikt XVI. gebrauchte bei einem Besuch in einem Seniorenheim deutliche und prophetische Worte, als er sagte: „Die Qualität einer Gesellschaft, ich möchte sagen einer Zivilisation, beurteilt sich auch danach, wie die alten Menschen behandelt werden und welcher Platz ihnen im gemeinsamen Leben vorbehalten ist" (*Besuch im Seniorenheim „Viva gli anziani" der Gemeinschaft Sant'Egidio*, 12. November 2012; in *O.R. dt.*, Nr. 47, 23.11.2015, S. 7). Das ist wahr, die Fürsorge für die alten Menschen in einer Zivilisation ist entscheidend. Gibt es in einer Zivilisation Fürsorge für den alten Menschen? Gibt es einen Platz für den alten Menschen? Diese Zivilisation wird vorangehen, wenn sie die Klugheit, die Weisheit der alten Menschen zu achten versteht.

Eine Zivilisation, in der es keinen Platz für die alten Menschen gibt, oder wo sie ausgesondert werden, weil sie Probleme verursachen, diese Gesellschaft trägt den Virus des Todes in sich. Im Westen bezeichnen Wissenschaftler das gegenwärtige Jahrhundert als das Jahrhundert des Alterns: Die Zahl der Kinder geht zurück, die Zahl der alten

Menschen steigt. Dieses Ungleichgewicht appelliert an uns, ja es ist eine große Herausforderung für die gegenwärtige Gesellschaft. Dennoch lässt eine Kultur des Profits die alten Menschen immer wieder als Last, als „Ballast" erscheinen. Sie sind nicht nur unproduktiv, meint diese Kultur, sondern sie sind eine Belastung. Kurz gesagt, was ist das Resultat eines solchen Denkens? Sie werden ausgesondert. Es ist schlimm zu sehen, dass alte Menschen ausgesondert werden, das ist etwas Schlimmes, es ist Sünde! Man wagt es nicht, offen zu sagen, aber man tut es! Es liegt etwas Niederträchtiges in dieser Gewöhnung an die Wegwerfkultur. Wir sind jedoch daran gewöhnt, Menschen „wegzuwerfen". Wir wollen unsere gesteigerte Angst vor Schwachheit und Verletzlichkeit beseitigen; aber indem wir das tun, mehren wir bei den alten Menschen die Angst, nur schwer erduldet zu sein und verlassen zu werden.

Schon in meinem Dienst in Buenos Aires habe ich diese Wirklichkeit mit ihren Problemen persönlich kennengelernt: „Die alten Menschen sind verlassen, und zwar nicht nur in der materiellen Unsicherheit. Sie werden verlassen wegen der egoistischen Unfähigkeit, die Grenzen der alten Menschen anzunehmen, in denen sich unsere eigenen Grenzen widerspiegeln, mit den zahlreichen Schwierigkeiten, die sie heute überwinden müssen, um in einer Zivilisation zu überleben, die es ihnen nicht gestattet, an ihr teilzuhaben, ihre Meinung beizutragen oder Bezugspunkte zu sein – nach dem konsumistischen Modell, das besagt: ›Nur die jungen Menschen können nützlich sein und dürfen genießen.‹

Die alten Menschen sollten vielmehr für die ganze Gesellschaft die Weisheit unseres Volkes bewahren. Die alten Menschen sind das „Weisheitsreservoir" unseres Volkes! Wie leicht schaltet man das Gewissen aus, wenn keine Liebe vorhanden ist!" (vgl. *Solo l'amore ci può salvare*, Vatikanstadt 2013, S. 83). Und so geschieht es. Wenn ich die Seniorenheime besuchte, sprach ich mit allen, und ich erinnere mich, dass ich folgendes oft gehört habe: „Wie geht es Ihnen? Und Ihren Kindern? – Gut, gut. – Wie viele haben Sie? – Sehr viele. – Und kommen sie Sie besuchen? – Ja, ja, immer, ja, sie kommen. – Wann sind sie zum letzten Mal gekommen?" Ich erinnere mich an eine alte Frau, die zu mir sagte: „Zu Weihnachten." Das war im August! Acht Monate lang kein Besuch von den Kindern, acht Monate verlassen! Das nennt sich Todsünde, verstanden? Als ich Kind war, erzählte die Großmutter uns eine Geschichte von einem alten Großvater, der sich beim Essen schmutzig machte, weil er den Löffel mit der Suppe nicht richtig zum Mund führte. Und der Sohn, also der

Familienvater, hatte entschieden, ihn vom gemeinsamen Tisch wegzusetzen. Er machte einen Tisch in der Küche, wo man ihn nicht sah und wo er allein essen sollte. So würde er keinen schlechten Eindruck hinterlassen, wenn Freunde zum Mittag- oder Abendessen kämen. Als er einige Tage später nach Hause kam und sah, dass sein jüngster Sohn mit Holz und Hammer und Nägeln spielte und dort etwas machte, sagte er: „Was machst du da? – Ich mache einen Tisch, Papa. – Einen Tisch, warum? – Dann habe ich ihn, wenn du alt bist. Dann kannst du dort essen." Die Kinder haben mehr Gewissen als wir!

In der Überlieferung der Kirche gibt es einen Weisheitsschatz, der stets eine Kultur der Nähe zu den alten Menschen unterstützt hat, die Bereitschaft zur liebevollen und solidarischen Begleitung in diesem letzten Teil des Lebens. Diese Überlieferung ist in der Heiligen Schrift verwurzelt, wie zum Beispiel diese Worte aus dem *Buch Jesus Sirach* bezeugen: „Verachte nicht die Überlieferung der Alten, die sie übernommen haben von ihren Vätern. Dann wirst du Einsicht lernen, um antworten zu können, sobald es notwendig ist" *(Sir 8,9)*.

Die Kirche kann und will sich nicht einer Mentalität der Unduldsamkeit anpassen, und schon gar nicht der Gleichgültigkeit und der Verachtung gegenüber dem Alter. Wir müssen das kollektive Bewusstsein der Dankbarkeit, der Anerkennung, der Annahme neu erwecken, damit der alte Mensch sich als lebendiger Teil seiner Gemeinschaft fühlt. Die alten Menschen sind. Männer und Frauen, Väter und Mütter, die vor uns auf unserem Weg, in unserem Haus waren, in unserem täglichen Kampf um ein Leben in Würde. Es sind Männer und Frauen, von denen wir viel empfangen haben. Der alte Mensch ist kein Fremder. Der alte Mensch sind wir: über kurz oder lang, auf jeden Fall unabwendbar, auch wenn wir nicht daran denken. Und wenn wir nicht lernen, die alten Menschen gut zu behandeln, dann wird man uns ebenso behandeln. Wir alten Menschen sind alle etwas gebrechlich. Einige sind jedoch besonders schwach, viele sind allein und von der Krankheit gezeichnet. Einige sind angewiesen auf unerlässliche Behandlungen und die Fürsorge anderer. Sollen wir deshalb einen Schritt zurück tun? Sollen wir sie ihrem Schicksal überlassen? Eine Gesellschaft ohne Nähe, wo Unentgeltlichkeit und Liebe ohne Gegenleistung – auch unter Fremden – im Verschwinden begriffen sind, ist eine pervertierte Gesellschaft. Die Kirche, dem Wort Gottes treu, kann solche Entartungen nicht dulden. Eine christliche Gemeinschaft, in der Nähe und Unentgeltlichkeit nicht mehr als unverzichtbar betrachtet würden, verlöre mit ihnen ihre Seele. Wo die alten Menschen nicht geehrt werden, gibt es keine Zukunft für die jungen Menschen.

Generalaudienz vom 4. März 2015

Die Kranken können uns heilen

Es ist nicht leicht, sich einem Kranken zu nähern. Die schönsten und die traurigsten Dinge des Lebens rufen unser Schamgefühl auf den Plan; man verbirgt sie lieber. Die größte Liebe versucht man aus Schamgefühl zu verbergen; und auch die Dinge, die unsere menschliche Hinfälligkeit zeigen, versuchen wir aus Schamgefühl zu verbergen. Daher muss man, um einen Kranken zu besuchen, zu ihm gehen – weil ihn das Schamgefühl des Lebens verbirgt. Kranke besuchen. Und wenn Krankheiten das ganze Leben begleiten, wenn wir an Krankheiten leiden, die ein ganzes Leben prägen, dann ziehen wir es vor, sie zu verbergen, weil Kranke besuchen so ist, als ginge man die eigene Krankheit besuchen – die Krankheit, die wir in uns tragen. Es bedeutet, dass man den Mut hat, zu sich selbst zu sagen: wenn ich eine Krankheit im Herzen, in der Seele, im Geist trage, dann bin auch ich in geistiger Weise ein Kranker.

Gott hat uns geschaffen, damit wir die Welt ändern, damit wir effizient sind, die Schöpfung beherrschen: das ist unsere Aufgabe. Wenn wir aber mit einer Krankheit konfrontiert werden, dann sehen wir, dass diese Krankheit all das unmöglich macht: dieser Mann, diese Frau, die so geboren wurden, deren Körper so geworden sind, scheinen gleichsam „nein" zu sagen zu der Sendung, die Welt zu verändern. Das ist das Geheimnis der Krankheit. Man kann sich einer Krankheit nur im Geist des Glaubens nähern. Wir können uns einem Mann, einer Frau, einem Kind, die krank sind, nur dann nähern, wenn wir auf Ihn blicken, der alle unsere Krankheiten auf sich genommen hat; wenn wir uns daran gewöhnen, auf den gekreuzigten Christus zu blicken. Darin liegt die einzige Erklärung für diese „Niederlage", diese menschliche Niederlage, die Krankheit, die das ganze Leben begleitet. Die einzige Erklärung liegt im gekreuzigten Christus.

Euch Kranken möchte ich zurufen: wenn ihr den Herrn nicht verstehen könnt, dann bitte ich ihn, dass er euch in euren Herzen erkennen lassen möge, dass ihr das Fleisch Christi, der gekreuzigte Christus in unserer Mitte seid – die Brüder und Schwestern, die Christus so nah sind. Es ist eine Sache, auf ein Bild des Gekreuzigten zu blicken, und eine andere, auf einen Mann, eine Frau, ein Kind zu blicken, die krank, also in ihrer Krankheit gekreuzigt sind: sie sind das lebendige Fleisch Christi!

Ansprache vom 21. März 2015

Barmherzigkeit in unserer Familie

Der Abschnitt des Evangeliums über die Hochzeit zu Kana, ist das erste Wunderzeichen, das in der Erzählung des Johannesevangeliums geschieht. Die Sorge Marias wird zur Bitte an Jesus: „Sie haben keinen Wein mehr", sagt sie zu ihm, und den Hinweis auf die „Stunde" wird man dann von den Berichten der Passion her verstehen.

Es ist gut, dass es so ist, denn dies erlaubt uns, das Verlangen Jesu, zu lehren, zu begleiten, zu heilen und zu erfreuen, von diesem Ruf seiner Mutter aus zu sehen: „Sie haben keinen Wein mehr."

Die Hochzeit von Kana wiederholt sich in jeder Generation, bei jeder Familie, bei jedem von uns und unseren Wünschen, dass es unserem Herzen gelingen möge, Standfestigkeit zu finden in bleibender Liebe, fruchtbarer Liebe und froher Liebe. Geben wir Maria Raum, „der Mutter", wie es der Evangelist sagt. Gehen wir mit ihr nun den Weg von Kana.

Maria ist aufmerksam, sie ist aufmerksam bei dieser Hochzeit, die schon begonnen hat; sie sorgt sich um die Bedürfnisse der Brautleute. Sie ist nicht geistesabwesend, nicht in ihre Welt versunken; ihre Liebe lässt sie „sein für" die anderen. Ebenso wenig geht sie zu den Freundinnen, um zu kommentieren, was gerade geschieht, und um die schlechte Vorbereitung der Hochzeit zu kritisieren. Und da sie aufmerksam und umsichtig ist, bemerkt sie, dass kein Wein vorhanden ist. Der Wein ist Zeichen für Freude, Liebe, Fülle. Wie viele unserer Kinder und Jugendlichen spüren, dass es diesen Wein in ihren Häusern schon eine Weile nicht mehr gibt. Wie viele Frauen, die allein und traurig sind, fragen sich, wann die Liebe erloschen ist, wann die Liebe aus ihrem Leben verschwunden ist. Wie viele alte Menschen fühlen sich bereits außerhalb des Festes ihrer Familien vernachlässigt. Ebenso kann das Fehlen dieses Weines eine Folge von Arbeitslosigkeit, von Krankheiten oder schwierigen Situationen sein, die unsere Familien auf der ganzen Welt durchmachen. Maria ist keine „Beschwerde"-

Mutter, ebenso wenig ist sie eine Schwiegermutter, die wacht, um sich an unserer Unerfahrenheit, unseren Fehlern und Unachtsamkeiten zu freuen. Maria ist ganz einfach Mutter! Ja, sie ist aufmerksam und zuvorkommend. Es ist schön, dies zu hören: Maria ist Mutter! Habt ihr Lust, es alle gemeinsam mit mir zu sagen? Los: *Maria ist Mutter!* Noch einmal: *Maria ist Mutter!* Noch einmal: *Maria ist Mutter!*

Maria aber wendet sich in diesem Augenblick, in dem sie bemerkt, dass kein Wein mehr da ist, vertrauensvoll an Jesus. Das bedeutet, dass Maria betet. Sie geht zu Jesus, sie betet. Sie geht nicht zum Verantwortlichen für das Festmahl; sie unterbreitet die Schwierigkeit der Brautleute direkt ihrem Sohn. Die Antwort, die sie erhält, scheint entmutigend: „Was willst du von mir, Frau? Meine Stunde ist noch nicht gekommen" (V. 4). Aber währenddessen hat sie schon das Problem in die Hände Gottes gelegt. Ihre Sorge für die Bedürfnisse der anderen beschleunigt die „Stunde" Jesu. Maria ist Teil dieser Stunde, von der Krippe bis zum Kreuz. Denn Maria, die „mit ein paar ärmlichen Windeln und einer Fülle zärtlicher Liebe einen Tierstall in das Haus Jesu zu verwandeln" verstand (*Evangelii gaudium*, 286), und uns als Kinder erhielt, als ein Schwert ihre Seele durchdrang, sie lehrt uns, unsere Familien in die Hände Gottes zu legen; sie lehrt uns zu beten und dabei die Hoffnung zu entfachen, die uns zeigt, dass unsere Sorgen auch die Sorgen Gottes sind. Beten zieht uns immer aus dem Umfeld unserer Sorgen heraus, lässt uns über das, was uns schmerzt, was uns bewegt oder was uns selbst fehlt, hinausgehen und hilft uns, uns in die Haut der anderen zu versetzen, in ihre Schuhe zu schlüpfen. Die Familie ist eine Schule, in der das Gebet uns auch daran erinnert, dass es ein Wir gibt, dass es einen unmittelbaren, konkreten Nächsten gibt, der unter demselben Dach lebt, der unser Leben teilt und bedürftig ist.

Und schließlich handelt Maria. Die Worte „Was er euch sagt, das tut!" (V. 5), die sie an die Diener richtet, sind eine Einladung auch an uns, uns Jesus zur Verfügung zu stellen, der gekommen ist, um zu dienen und nicht, um sich dienen zu lassen. Das Dienen ist das Kriterium der wahrhaftigen Liebe. Wer liebt, der dient, der stellt sich in den Dienst der anderen. Und dies lernt man besonders in der Familie, wo wir aus Liebe einander dienen. Im Schoß der Familie wird niemand ausgeschlossen; alle sind gleich wert.

In der Familie lernt man, um Erlaubnis zu bitten, ohne andere zu überfahren, ‚danke' zu sagen als Ausdruck einer aufrichtigen Wertschätzung dessen, was wir empfangen, Aggressivität oder

Unersättlichkeit zu beherrschen, und dort lernt man ebenso, um Verzeihung zu bitten, wenn wir irgendeinen Schaden angerichtet haben, wenn wir streiten. Denn in jeder Familie gibt es Reibereien. Die Frage ist dann, um Vergebung zu bitten. Diese kleinen Gesten ehrlicher Höflichkeit helfen, eine Kultur des Zusammenlebens und der Achtung gegenüber unserer Umgebung aufzubauen (vgl. *Laudato si'*, 213). Die Familie ist das nächstgelegene Krankenhaus; wenn jemand krank ist, wird er dort gepflegt, solange man kann. Die Familie ist die erste Schule der Kinder, sie ist die unverzichtbare Bezugsgruppe für die jungen Menschen, sie ist das beste Heim für die alten Menschen. Die Familie bildet den großen „sozialen Reichtum", den andere Einrichtungen nicht ersetzen können, der unterstützt und verstärkt werden muss, um niemals den rechten Sinn der Dienste zu verlieren, welche die Gesellschaft für ihre Bürger leistet. Denn diese Dienste, welche die Gesellschaft für die Bürger leistet, sind nicht eine Art Almosen, sondern eine echte „soziale Schuld" hinsichtlich der Institution der Familie, die das Fundament ist und die so viel zum Gemeinwohl aller beiträgt.

Die Familie bildet ebenso eine kleine Kirche, wir nennen sie eine „Hauskirche", die mit dem Leben die Zärtlichkeit und Barmherzigkeit Gottes vermittelt. In der Familie mischt sich der Glaube mit der Muttermilch: Wenn man die Liebe der Eltern erfährt, spürt man die Liebe Gottes näher. In der Familie – wir alle sind Zeugen dafür – geschehen die Wunder mit dem, was da ist, mit dem, was wir sind, mit dem, was einer zur Hand hat ... und oft ist es nicht das Ideal, nicht das, was wir erträumen oder was „sein sollte". Es gibt ein Detail, das uns nachzudenken geben muss. Der neue Wein, dieser so gute Wein, wie der Verantwortliche für das Mahl auf der Hochzeit in Kana sagt, kommt aus den Krügen zur Reinigung, das heißt von dem Ort, wo alle ihre Sünde gelassen haben ... Er kommt von dem „Schlechten", denn „wo jedoch die Sünde mächtig wurde, das ist die Gnade übergroß geworden" *(Röm 5,20)*. Und in der Familie eines jeden von uns und in der gemeinsamen Familie, die wir alle bilden, wird nichts weggeworfen, ist nichts unnütz.

Predigt vom 6. Juli 2015

Kindern gehört unsere Liebe ganz

Es besteht eine enge Verbindung zwischen der Hoffnung eines Volkes und der Harmonie zwischen den Generationen. Darüber müssen wir gut nachdenken. Die Freude der Kinder lässt das Herz der Eltern erbeben und eröffnet neue Zukunft. Die Kinder sind die Freude der Familie und der Gesellschaft. Sie sind kein Problem der Reproduktionsbiologie und auch keiner der vielen Wege zur Selbstverwirklichung. Und sie sind erst recht kein Eigentum der Eltern... Nein. Kinder sind eine Gabe, sie sind ein Geschenk: verstanden? Kinder sind ein Geschenk. Jedes ist einzigartig und unwiederholbar – und gleichzeitig unverkennbar mit seinen Wurzeln verbunden.

Denn Sohn oder Tochter zu sein bedeutet dem Plan Gottes gemäß, das Gedächtnis und die Hoffnung einer Liebe in sich zu tragen, die sich selbst verwirklicht hat, wenn sie das Leben eines anderen, unverwechselbaren und neuen Menschen entfachen. Und für die Eltern ist jedes Kind es selbst, anders, verschieden. Gestattet mir eine Familienerinnerung. Ich erinnere mich, dass meine Mutter über uns – wir waren zu fünft – sagte: „Ich habe fünf Kinder." Wenn man sie fragte: „Welches ist dein Lieblingskind?", dann antwortete sie: „Ich habe fünf Kinder, wie fünf Finger. [Er zeigt die Finger der Hand.] Wenn man diesen schlägt, dann tut es mir weh; wenn man diesen anderen schlägt, dann tut es mir weh. Alle fünf tun mir weh. Alle sind meine Kinder, aber alle sind verschieden, wie die Finger einer Hand." So ist die Familie! Die Kinder sind verschieden, aber alle sind sie Kinder.

Ein Kind liebt man, weil es das eigene Kind ist: nicht weil es schön ist oder weil es so und so ist. Nein, weil es das Kind ist! Nicht weil es so denkt wie ich oder meine Wünsche verkörpert. Ein Kind ist ein Kind: ein Leben, das von uns gezeugt wurde, aber für das Kind selbst, für sein Wohl, für das Wohl der Familie, der Gesellschaft, der ganzen Menschheit bestimmt ist. Hieraus entspringt auch die Tiefe der menschlichen Erfahrung, Sohn oder Tochter zu sein, die es uns gestattet, die unentgeltliche Dimension der Liebe zu entdecken, die nie aufhört, uns in Staunen zu versetzen. Es ist die Schönheit, zuerst geliebt zu sein: Die Kinder werden schon geliebt, bevor sie ankommen. Wie oft begegne ich auf dem Petersplatz Müttern, die mir den Bauch zeigen und mich um den Segen bitten... diese Kinder werden geliebt, bevor sie zur Welt kommen.

Und das ist Unentgeltlichkeit, das ist Liebe: Sie werden schon vor der Geburt geliebt, so wie die Liebe Gottes uns immer zuerst liebt. Sie werden geliebt, bevor sie irgend etwas getan haben, um es zu verdienen, bevor sie sprechen oder denken können, sogar bevor sie zur Welt kommen! Kinder zu sein ist die Grundvoraussetzung, um die Liebe Gottes kennenzulernen, der die letzte Quelle dieses wahren Wunders ist. Der Seele eines jeden Kindes, so verwundbar sie auch ist, prägt Gott das Siegel dieser Liebe ein, die seiner personalen Würde zugrunde liegt, einer Würde, die nichts und niemand zerstören kann.

Heute scheint es für die Kinder schwieriger zu sein, sich ihre Zukunft vorzustellen. Die Väter – das habe ich in der letzten Katechese erwähnt – haben vielleicht einen Schritt zurück gemacht, und die Kinder sind unsicherer geworden, ihre Schritte nach vorn zu machen. Wir können das gute Verhältnis zwischen den Generationen von unserem himmlischen Vater lernen, der einem jeden von uns die Freiheit lässt, uns aber nie allein lässt. Und wenn wir einen Fehler machen, dann begleitet er uns weiterhin mit Geduld, ohne dass seine Liebe zu uns nachlässt. Der himmlische Vater macht keine Schritte zurück in seiner Liebe zu uns. Nie! Er geht stets voran, und wenn er nicht vorangehen kann, dann wartet er auf uns, aber er geht nie zurück. Er will, dass seine Kinder mutig sind und ihre Fortschritte machen. Die Kinder ihrerseits dürfen keine Angst haben vor der Aufgabe, eine neue Welt aufzubauen: Zu Recht wünschen sie, dass sie besser sein soll als jene, die sie empfangen haben! Das muss jedoch ohne Arroganz, ohne Anmaßung geschehen. Man muss den Wert der Kinder anerkennen, und man muss die Eltern stets ehren. Das vierte Gebot verlangt von den Kindern – und das sind wir alle! –, den Vater und die Mutter zu ehren *(vgl. Ex 20,12)*. Dieses Gebot kommt sofort nach denen, die Gott selbst betreffen. Denn es enthält etwas Heiliges, etwas Göttliches, etwas, das an der Wurzel jeder anderen Form der Achtung zwischen den Menschen liegt. Und in der biblischen Formulierung des vierten Gebotes wird hinzugefügt: „damit du lange lebst in dem Land, das der Herr, dein Gott, dir gibt". Die liebevolle Verbindung zwischen den Generationen garantiert die Zukunft, und sie garantiert eine wirklich menschliche Geschichte. Eine Gesellschaft mit Kindern, die ihre Eltern nicht ehren, ist eine Gesellschaft ohne Ehre; wenn man die Eltern nicht ehrt, dann verliert man die eigene Ehre! Eine solche Gesellschaft ist dazu verurteilt, sich mit gefühllosen und habgierigen jungen Menschen zu füllen. Aber auch eine fortpflanzungsarme Gesellschaft, die sich nicht gern mit Kindern umgibt, die sie vor allem als Sorge, als Last, als Risiko betrachtet, ist eine trübselige Gesellschaft.

Denken wir an viele Gesellschaften, die wir hier in Europa kennen: Es sind trübselige Gesellschaften, weil sie keine Kinder wollen, keine Kinder haben. Die Geburtenrate erreicht nicht einmal ein Prozent. Warum? Jeder von uns sollte darüber nachdenken und antworten. Wenn eine kinderreiche Familie als Last angesehen wird, dann stimmt etwas nicht! Elternschaft muss verantwortungsvoll sein, wie auch die Enzyklika *Humanae vitae* des seligen Papstes Paul VI. lehrt, aber mehr Kinder zu haben, darf nicht automatisch zu einer verantwortungslosen Entscheidung werden. Keine Kinder zu haben ist eine egoistische Entscheidung. Das Leben wird jünger und bekommt Kraft, wenn es sich vervielfältigt: Es wird reicher, nicht ärmer! Die Kinder lernen, ihre Familie mitzutragen. Sie reifen, indem sie ihre Opfer teilen; sie wachsen in der Wertschätzung ihrer Gaben. Die frohe Erfahrung der Brüderlichkeit beseelt die Achtung und Sorge für die Eltern, denen unsere Dankbarkeit gebührt.

Generalaudienz vom 11. Februar 2015

Unser Zeugnis leben

Gott offenbart sich nicht durch die Mittel der Macht und des Reichtums dieser Welt, sondern durch jene der Schwäche und der Armut: *„Er, der*

reich war, wurde euretwegen arm ...“ Christus,
der ewige Sohn Gottes, an Macht und Herrlich-
keit dem Vater gleich, wurde arm; er ist herab-
gestiegen mitten unter uns, ist jedem von uns
nahe gekommen; er entäußerte sich, „entleerte“
sich seiner Gottesgestalt, um in allem uns gleich
zu sein *(vgl. Phil 2,7; Hebr 4,15)*. Die Menschwerdung Gottes ist ein tiefes Geheimnis! Doch
der Grund all dessen ist die Liebe Gottes – eine
Liebe, die Gnade, Großzügigkeit, Wunsch nach
Nähe ist und die nicht zögert, sich für die geliebten Geschöpfe hinzugeben und zu opfern. Liebe
bedeutet, das Schicksal des Geliebten voll und
ganz zu teilen. Die Liebe macht einander ähnlich, sie schafft Gleichheit, reißt trennende Mauern nieder und hebt Abstände auf. Und eben dies
hat Gott mit uns getan. Denn Jesus hat „mit Men-
schenhänden (...) gearbeitet, mit menschlichem
Geist gedacht, mit einem menschlichen Willen
(...) gehandelt, mit einem menschlichen Herzen
geliebt. Geboren aus Maria, der Jungfrau, ist er
in Wahrheit einer aus uns geworden, in allem
uns gleich außer der Sünde“ (Zweites Vatikani-
sches Konzil, Past. Konst. *Gaudium et spes*, 22).
Der Zweck des Armwerdens Jesu besteht nicht
in der Armut an sich, sondern – wie der heilige Paulus sagt – darin, *„euch durch seine Armut
reich zu machen“*. Dabei handelt es sich nicht

etwa um ein Wortspiel oder um einen effektha-
scherischen Ausdruck! Diese Worte bringen die
Logik Gottes auf den Punkt, die Logik der Liebe,
die Logik der Menschwerdung und des Kreuzes.
Gott hat das Heil nicht von oben auf uns herab-
fallen lassen, wie das Almosen dessen, der einen
Teil des eigenen Überflusses mit mitleidiger
Geste hergibt. Die Liebe Christi ist nicht solcher
Art! Als Jesus in den Jordan hinabsteigt und sich
von Johannes dem Täufer taufen lässt, tut er dies
nicht, weil er der Buße, der Bekehrung bedarf.
Er tut es, um sich mitten unter die Menschen zu
begeben, die Vergebung brauchen, mitten unter
uns Sünder, und um die Last unserer Sünden auf
sich zu nehmen. Das ist der Weg, den er gewählt
hat, um uns zu trösten, um uns zu retten und
aus unserem Elend zu befreien. Uns beeindru-
cken die Worte des Apostels, der sagt, dass wir
nicht durch den Reichtum Christi, sondern *durch
seine Armut* befreit wurden. Und doch weiß der
heilige Paulus sehr wohl um „den unergründli-
chen Reichtum Christi" *(Eph 3,8)*, des „Erben des
Alls" *(Hebr 1,2)*.
Was also ist diese Armut, durch die Jesus uns befreit und uns reich macht? Es ist gerade die Art,
wie er uns liebt, die Tatsache, dass er für uns zum
Nächsten wird wie der barmherzige Samariter,
der zu dem Mann hingeht, der halbtot am Stra-

ßenrand zurückgelassen wurde *(vgl. Lk 10,25 ff)*. Was uns wahre Freiheit, wahres Heil und wahres Glück schenkt, ist seine barmherzige, zärtliche und teilnahmsvolle Liebe. Die Armut Christi, die uns reich macht, ist seine Menschwerdung, dass er unsere Schwächen, unsere Sünden auf sich nimmt und uns so an der unendlichen Barmherzigkeit Gottes teilhaben lässt. Die Armut Christi ist der größte Reichtum: Jesus ist reich durch sein grenzenloses Vertrauen auf Gott den Vater, dadurch, dass er sich in jedem Moment ihm anvertraut und dabei stets und ausschließlich seinen Willen und seine Ehre im Sinn hat. Er ist reich, wie es ein Kind ist, das sich geliebt fühlt und seine Eltern liebt und keinen Augenblick an ihrer Liebe und Zuwendung zweifelt. Der Reichtum Jesu ist seine Sohnschaft, seine einzigartige Beziehung zum Vater stellt das unumschränkte Vorrecht dieses armen Messias dar. Wenn Jesus uns dazu aufruft, sein „leichtes Joch" auf uns zu nehmen, dann fordert er uns damit auf, uns mit dieser seiner „reichen Armut" und seinem „armen Reichtum" zu bereichern, seinen Geist der Sohnschaft und der Brüderlichkeit mit ihm zu teilen, Söhne und Töchter im Sohn, Brüder und Schwestern im erstgeborenen Bruder zu werden *(vgl. Röm 8,29)*.

Nach Léon Bloy gibt es nur eine einzige wahre

Traurigkeit: kein Heiliger zu sein. Wir könnten auch sagen, dass es nur ein einziges wahres Elend gibt: nicht als Kinder Gottes und als Brüder und Schwestern Christi zu leben.

Unser Zeugnis

Wir könnten nun meinen, dieser „Weg" der Armut sei eben jener Jesu gewesen, während wir, die wir nach ihm kommen, in der Lage seien, die Welt mit geeigneten menschlichen Mitteln zu retten. Doch dem ist nicht so. In jeder Zeit und an jedem Ort rettet Gott weiterhin die Menschen und die Welt *durch die Armut Christi,* der arm wird in den Sakramenten, im Wort und in seiner Kirche, die ein Volk der Armen ist. Der Reichtum Gottes kann nicht durch unseren Reichtum vermittelt werden, sondern immer ausschließlich durch unsere persönliche und gemeinschaftliche, vom Geist Christi beseelte Armut.

Wir Christen sind aufgerufen, es unserem Meister gleichzutun und die Not unserer Brüder und Schwestern anzusehen und zu berühren, sie auf uns zu nehmen und konkret zu wirken, um sie zu lindern. Not ist nicht gleichzusetzen mit *Armut*; Not ist Armut ohne Vertrauen, ohne Solidarität, ohne Hoffnung. Wir können drei Arten der Not unterscheiden: die materielle Not, die moralische Not und die spirituelle Not. Die *materielle*

Not ist das, was gemeinhin als „Armut" bezeichnet wird und von der jene Menschen betroffen
sind, die unter menschenunwürdigen Umständen leben: ihrer Grundrechte beraubt und ohne
die Möglichkeit, grundlegende Bedürfnisse wie
Nahrung, Wasser, Hygiene, Arbeit zu befriedigen
oder sich persönlich und kulturell zu entfalten.
Angesichts dieser Not bietet die Kirche ihren
Dienst, ihre *diakonia* an, um den Bedürfnissen
entgegenzukommen und diese Wunden, die das
Antlitz der Menschheit entstellen, zu heilen. In
den Armen, in den Letzten sehen wir das Antlitz
Christi; indem wir die Armen lieben und ihnen
helfen, lieben und dienen wir Christus. Ziel unserer Bemühungen ist es auch zu bewirken, dass
die Verletzungen der Menschenwürde, die Dis-
kriminierungen und Übergriffe, die vielfach die
Ursachen der Not sind, weltweit ein Ende finden.
Werden Macht, Luxus und Geld zu Götzen, so
werden diese der Notwendigkeit einer gerechten
Verteilung des Reichtums übergeordnet. Daher
bedarf es dringend einer Umkehr der Gewissen
zu den Werten der Gerechtigkeit, der Gleichheit,
der Genügsamkeit und des Teilens.
Nicht minder beunruhigend ist die *moralische Not*,
bei der die Menschen zu Sklaven von Lastern
und Sünde werden. Wie viele Familien sind in
ängstlicher Sorge, weil eines ihrer Mitglieder –

zumeist ein junges – dem Alkohol, den Drogen, dem Glücksspiel oder der Pornographie verfallen ist! Wie viele Menschen können keinen Sinn mehr im Leben erkennen, sind ohne Zukunftsperspektiven und haben jede Hoffnung aufgegeben! Und wie viele Menschen geraten in diese Not durch ungerechte soziale Bedingungen; weil sie durch das Fehlen von Arbeitsplätzen der Würde beraubt werden, die damit verbunden ist, das Brot nach Hause zu bringen; aufgrund von Ungleichheit im Hinblick auf das Recht auf Bildung und Gesundheit. In solchen Fällen kann die moralische Not zu Recht als beginnender Selbstmord bezeichnet werden. Diese Form der Not, die auch finanziellen Ruin mit sich bringt, ist immer mit *spiritueller Not* verbunden. Diese sucht uns heim, wenn wir uns von Gott entfernen und seine Liebe ablehnen. Die Auffassung, dass wir uns selbst genügen und daher Gott, der uns in Christus seine Hand entgegenstreckt, nicht brauchen, führt uns auf einen Weg des Scheiterns. Allein Gott ist es, der wirklich rettet und befreit.

Das Evangelium ist das wahre Gegenmittel gegen die spirituelle Not: Der Christ ist aufgerufen, überallhin die befreiende Botschaft zu bringen, dass es die Vergebung des verübten Unrechts gibt, dass Gott größer als unsere Sünde ist und uns bedingungslos liebt, immer, und dass wir für die

Gemeinschaft und für das ewige Leben bestimmt sind. Der Herr fordert uns auf, frohe Überbringer dieser Botschaft der Barmherzigkeit und der Hoffnung zu sein! Es ist schön, die Freude an der Verbreitung dieser guten Nachricht zu erfahren, den uns anvertrauten Schatz mit anderen zu teilen, um gebrochene Herzen zu trösten und vielen Brüdern und Schwestern, die von Finsternis umgeben sind, Hoffnung zu schenken. Es geht darum, Jesus zu folgen und es ihm gleichzutun, ihm, der den Armen und Sündern entgegengegangen ist wie der Hirte dem verlorenen Schaf, und dies voller Liebe getan hat. Mit ihm vereint können wir mutig neue Wege der Evangelisierung und der Förderung des Menschen eröffnen.

Botschaft zur Fastenzeit 2014

Gebet für die Barmherzigkeit

Herr Jesus Christus,
du hast uns gelehrt, barmherzig zu sein
    wie der himmlische Vater,
und uns gesagt, wer dich sieht, sieht ihn.
Zeig uns dein Angesicht, und wir werden
    Heil finden.

Dein liebender Blick
befreite Zachäus und Matthäus aus der Sklaverei
    des Geldes;
erlöste die Ehebrecherin und Maria Magdalena
    davon,
das Glück nur in einem Geschöpf zu suchen;
ließ Petrus nach seinem Verrat weinen
und sicherte dem reumütigen Schächer
    das Paradies zu.
Lass uns dein Wort an die Samariterin so hören,
als sei es an uns persönlich gerichtet:
„Wenn du wüsstest, worin die Gabe Gottes besteht!"

Du bist das sichtbare Antlitz des unsichtbaren
    Vaters
und offenbarst uns den Gott, der seine Allmacht
    vor allem
in der Vergebung und in der Barmherzigkeit
    zeigt.

Mache die Kirche in der Welt zu deinem
  sichtbaren Antlitz,
dem Angesicht ihres auferstandenen und
  verherrlichten Herrn.

Du wolltest, dass deine Diener selbst
  der Schwachheit unterworfen sind,
damit sie Mitleid verspüren mit denen,
  die in Unwissenheit und Irrtum leben.
Schenke allen, die sich an sie wenden,
die Erfahrung, von Gott erwartet und
  geliebt zu sein
und bei ihm Vergebung zu finden. [...]

So bitten wir dich,
auf die Fürsprache Marias, der Mutter
  der Barmherzigkeit,
der du mit dem Vater in der Einheit
  des Heiligen Geistes
lebst und herrschst in alle Ewigkeit.
Amen.

Gebet zum Jubiläum der Barmherzigkeit
(8. Dezember 2015-20. November 2016)